O^3
$\int O$.

O 1301.
~~D-1.~~

VOYAGE
DE F. HORNEMANN,
DANS
L'AFRIQUE SEPTENTRIONALE.

VOYAGE
DE F. HORNEMANN,
DANS
L'AFRIQUE SEPTENTRIONALE,

Depuis le Caire jusqu'a Mourzouk, capitale du royaume de Fezzan;

Suivi d'Eclaircissemens sur la Géographie de l'Afrique, par M. Rennell.

TRADUIT DE L'ANGLAIS, PAR....

Et augmenté de notes et d'un Mémoire sur les Oasis, composé principalement, d'après les auteurs arabes,

Par L. LANGLÈS,

Membre de l'Institut national des Sciences et des Arts, etc.

ORNÉ DE DEUX CARTES.

SECONDE PARTIE.

PARIS,
DENTU, Imprimeur-Libraire, Palais du Tribunat, galeries de bois, n.° 240.

AN XI. (1803).

VOYAGES
DANS
L'INTÉRIEUR DE L'AFRIQUE.

SUITE DU MÉMOIRE DE M. RENNELL.

CHAPITRE III.

Rectifications de la géographie de l'Afrique septentrionale. — Sources éloignées du Nil, et fin du Niger. — Lac de Fittri ou de Kaughah.

CE chapitre est consacré à rectifier la géographie générale de la partie orientale du nord de l'Afrique. Depuis la rédaction de la carte générale, en 1798 (1), les voyages de M. Browne ont fourni un ample surcroît de matériaux ; et il faut maintenant y ajouter les observations et les recherches de M. Hornemann. On reconnaîtra que ces importantes notices s'expliquent et se con-

---

(1) Cette carte a été corrigée d'après les matériaux en question. Elle se trouve à la fin de la 2.ᵉ partie.

firment mutuellement, toutes les fois qu'ils ont parcouru les mêmes lieux; et c'est ce qu'ils ont fait dans une étendue qui ne laisse pas d'être assez considérable.

M. Browne a l'avantage, en fait de matériaux propres à la géographie mathématique : les recherches de M. Hornemann, quoiqu'également étendues, consistent plus en notices générales, en forme d'esquisses. L'un et l'autre ont un très-grand mérite. Tous deux paraissent infatigables pour recueillir les renseignemens les plus utiles qui se présentent sur leur route, ou qu'il leur est possible de se procurer, quoiqu'ils laissent encore à désirer au lecteur. Celui, par exemple, qui est dans une situation tranquille et qui jouit d'une entière sécurité, pourrait regretter de n'y pas trouver une suite de notices claires et complètes sur la géographie et sur la situation actuelle des contrées dont il s'agit ; mais il faut considérer à combien d'inconvéniens et de dangers est exposé un voyageur européen qui parcourt l'intérieur de l'Afrique; et combien il lui est difficile de rassembler des renseignemens. Nous en avons la preuve dans les relations du voyage de MM. Browne et Hornemann, qui viennent d'être données au public, aussi bien que dans celle de M. Park, qui lui est connue depuis plus long-tems.

Les matériaux de M. Browne comprennent un espace de 16 deg. de latitude, depuis le Caire jusqu'à la capitale du Dârfour; ces notes sont rectifiées par des observations de longitude et de latitude; ils comprennent encore un espace de six degrés sur la même ligne, du côté du sud, pour lequel il donne les renseignemens qu'il a reçus des naturels et de quelques autres voyageurs. Ses recherches se sont étendues en longitude sur le parallèle de 8 deg. nord, position qu'on lui a indiquée comme celle des sources du *Bahhr Abyadh*, ou rivière blanche, qui passe pour être la source la plus lointaine du николай d'Égypte, et celle qu'on y a si long-tems cherchée (1). Elles

―――――――――――――――――――――――

(1) Je regrette de ne pouvoir intercaler ici un mémoire assez étendu que j'ai composé d'après les écrivains arabes et des voyageurs portugais peu connus; ces derniers me paraissent avoir remonté le Nil au-dessus du lac de Dembéa, et même avoir reconnu ses sources, ou au moins quelques-unes. L'auteur arabe qui m'a procuré les matériaux les plus abondans et les plus authentiques, est Taqy êd-dyn Ahhmed, etc., plus connu sous le nom d'âl-Maqryzy; (*voyez* ci-après 384), auteur d'une excellente description topographique, histo-

s'étendent encore dans l'est et le sud-est jusqu'aux frontières de l'Abyssinie ; et dans l'ouest et le sud-ouest, jusqu'à Bornoù,

---

rique et politique de l'Egypte, en 3 volumes in-folio. J'en ai extrait cinq chapitres consacrés à la description du Nil. Le premier, intitulé : *Quelques notions sur les prérogatives du Nil*, n'offre malheureusement que les traditions sacrées et les sentences du prophète relativement à ce fleuve. Je n'ai pas besoin d'insister sur l'importance du second, qui traite *des sources du Nil et de son cours*. On y voit que la montagne d'où sort le fleuve, a deux noms : le premier nom est *Djébel âl-Qomr* (montagne des Tourterelles ;) le second, *Djébel âl-Qamar* (montagne de la Lune). L'auteur suit assez bien le cours du fleuve, et le distingue très-bien du Nil des Noirs (le Niger), que l'on nomme aussi *Démâdem*. *Tout ce que l'on dit pour et contre l'eau du Nil*, et la *description des poissons et autres objets remarquables qui se trouvent dans ce fleuve*, forment le sujet de deux autres chapitres qui ne méritent pas une entière et aveugle confiance. Dans le suivant, âl-Maqryzy a consigné les observations d'après lesquelles on croit prévoir l'abondance des crues. Quant à la *Description des Nilomètres*, contenue dans le même ouvrage, je l'ai traduite avec beaucoup d'additions, pour mes *Notes sur le Voyage de Norden*. Les inondations et les sécheresses remarquables indiquées par âl-Maqryzy, m'ont servi à compléter une table chronologique des crues du Nil, depuis l'an 23 de l'hégire (63 de l'ère vulgaire) jusqu'à présent. (L-s.)

ainsi que vers d'autres contrées dont on n'avait pas encore entendu parler en Europe ; ce qui forme en tout une étendue de plus de 15 deg. de longitude.

La ligne du Caire à la source de la rivière Blanche a plus de 1360 milles géographiques de longueur, ou plus de 1440, depuis l'embouchure du Nil, le tout en ligne directe. Dans son gisement, elle s'écarte si peu du méridien, que la source du fleuve n'est qu'à un rhumb et demi, ou environ 17 deg. à l'ouest du méridien, du lieu où il se décharge dans la Méditerranée.

La route de M. Browne, qui quitte le Nil à Syouth, passe d'abord par la grande Oasis, et en détermine la position. Elle passe ensuite successivement par les positions de Chebbeh, Sélyméh, Leghea et Byr el-Méléhh, sur le chemin du Darfour.

D'après la circonspection et l'exactitude reconnues de M. Browne, cette ligne devient une acquisition importante. A l'égard de la position qu'il indique pour la source de la rivière Blanche, ses renseignemens sont généralement appuyés par ceux que Maillet et Ledyard ont recueillis au Caire. D'autres points de sa géographie sont confirmés par les informations récentes de M. Hornemann, par les notices de l'Edrycy, par Maillet et même par Bruce.

Il est inutile d'entrer dans aucuns détails concernant cette géographie : elle est déjà entre les mains du public, dans l'excellente relation de son voyage, et j'y ai puisé une partie importante de cette dissertation, particulièrement ce qui regarde la source de la rivière Blanche (c'est-à-dire du Nil), et, implicitement, ce qui regarde la fin du Niger.

En choisissant mes matériaux dans la carte dressée par M. Browne, d'après ses propres observations et recherches, j'ai suivi scrupuleusement sa carte même, (excepté en un seul point, la position de la capitale de Bornou). J'ai supposé qu'il avait bien comparé et pesé les autorités des différens rapports sur les gisemens et distances, et qu'il en avait formé un meilleur résultat que toute autre personne n'aurait pu faire. Mais j'ai ajouté, d'après son appendice, quelques routes et positions intermédiaires, qu'il a jugé à-propos d'omettre dans sa carte.

Il nous apprend qu'il a déterminé, d'après des recherches dont le résultat lui a paru satisfaisant, la distance du Nil à Sélyméh ; ce qui semble prouver que, quoique la position de la grande cataracte, aussi bien que celles de Moscho et de Donqolah, établies sur la foi de M. Bruce, doivent être un peu plus au sud ou au sud-ouest, elles s'accordent mieux cependant sous un point de vue général, qu'on n'aurait eu lieu de s'y attendre. On peut dire la même chose du Sennaar, relativement au Dârfoûr, M. Browne s'étant assuré que leur distance réciproque s'accordait avec les observations, dont l'une a été déterminée par M. Bruce, et l'autre par lui-même. M. d'Anville avait placé le Sennaar à environ 4 deg. de longitude trop de l'ouest, dans sa carte d'Afrique, publiée en 1749 (1).

---

(1) M. Bruce décrit une chaîne de montagnes qui s'étend dans l'ouest de la branche Abyssine du Nil, entre le 11 et le 12.ᵉ deg. de latitude nord, et qui a au nord Dyre et Tegla. Comme il est parlé de ces lieux, dans les routes de M. Browne, t. 2, p. 333, sous les noms de Deïr et Touggala, situés dans une région montagneuse, j'ai fait courir la chaîne ci-dessus mentionnée à l'ouest nord-ouest, au lieu de l'ouest. Ces lieux, aussi bien que Harraza et Lebeït (par où il faut

16

On observera qu'entre l'Egypte et le Dârfoûr, il n'y a aucune rivière venant de l'ouest qui communique avec le Nil ; et l'on assura à M. Browne que la même chose avait lieu au sud, entre le Dârfoûr et la source de la rivière Blanche. En effet, bien loin que des rivières coulent vers l'est dans cette région, il lui fut dit (et d'autres relations confirment ce rapport) que toutes les rivières situées à l'ouest et au sud-ouest du Dârfoûr, coulaient à l'ouest ou au nord-ouest.

M. Browne rapporte, d'après le témoignage des habitans du Dârfoûr, que la source de la rivière Blanche est composée d'un grand nombre de courans, qui sortent de quelques montagnes élevées, appelées *Qamry*, et situées dans un pays nommé *Donga*, qui est à un mois de marche de Chillak, lequel est lui-même à 3 $\frac{1}{4}$ journées en-deçà du Sennaar, ensorte que la source la plus éloignée de la rivière Blanche peut être à 45 journées du Sennaar. Or, quelques-uns des esclaves que la kâravâne du Dâr-

---

entendre Ibeït) sont placés beaucoup trop à l'ouest du Sennaar, dans la carte de M. Bruce, t. 5.

four avait conduits au Caire, dirent à M. Ledyard qu'ils venaient d'un lieu situé à 55 journées dans l'ouest du Sennaar; et M. Browne nous apprend que les habitans de Bornoù (pays limitrophe du Dârfoûr), sont dans l'usage d'aller à la chasse des esclaves dans le canton de Donga (1). Une autre personne à qui M. Ledyard faisait des questions, et qui paraît être venue du même endroit, lui dit que la source du Nil était située dans son pays (2). Si l'on suppose qu'en parlant de la distance qu'il y a du Sennaar à la source du Nil, ces personnes ont entendu que le chemin passait par le Dârfoùr (ce qui n'est pas invraisemblable), on trouverait complètement les 55 journées de distance. On compte 23 journées du Dârfoûr au Sennaar, et un peu plus, du Dârfoûr aux mines de cuivre de Fertit, qui sont encore fort en-deçà de la rivière Blanche.

Dans ma carte d'Afrique de 1798, j'avais placé la source de la rivière Blanche à en-

---

(1) *Nouveau Voyage dans la haute et basse Egypte*, etc. t. 2, p. 351 de la traduction française.
(2) *Voyez les Mém. de la Soc. afr.* pour 1790, ch. 2.

viron 130 milles, au sud-est, de la position qui lui est assignée par M. Browne.

M. Hornemann ayant reproduit l'idée de la jonction du Niger et du Nil, il devient nécessaire d'examiner avec attention et en détail, les matériaux géographiques fournis par lui et par M. Browne, aussi bien que les notices qui se trouvent dans l'Edrycy, afin de montrer l'invraisemblance de cette hypothèse. Des voyageurs qui étaient allés au Dârfoûr, apprirent à M. Hornemann que le Niger (le Joliba) passait par le sud du Dârfoûr dans la rivière Blanche. Il est certain qu'Hérodote recueillit en Egypte beaucoup de renseignemens qui tendent au même résultat (1); mais il n'est pas moins certain que les gens que M. Browne consulta dans le Dârfoûr, gardèrent le silence relativement à cette jonction. Ils dirent au contraire, non-seulement que la rivière Blanche est formée de sources qui sortent des montagnes du sud, mais encore que toutes les rivières entre le Dârfoûr et ces montagnes, coulent vers l'ouest. — Il convient d'ajouter que les montagnes en question, nommées

―――――――――――――――――――

(1) *Euterpe*, ch. 32, t. II, p. 26 de la trad. du cit. Larcher.

Qamry, sont, comme leur nom le donne à entendre, les montagnes de la Lune, où Ptolémée et les géographes arabes placent la source éloignée du Nil (1).

Dans le chapitre 6 des *Eclaircissemens géographiques*, de 1798, j'ai avancé plusieurs faits, pour montrer qu'il était probable que le Niger se terminait, par évaporation, dans le pays de Oùanqârah, etc. Qu'il me soit permis d'y renvoyer le lecteur; mais comme de nouveaux voyageurs m'ont fourni plusieurs autres documens qui tendent à fortifier mes premières idées, j'aurai occasion de répéter une partie de mes assertions et de mes raisonnemens, dans le cours de cette discussion.

Il fut dit à M. Browne que, vers l'ouest et le sud-ouest, à plusieurs centaines de milles de la capitale du Dârfoûr, le pays était entrecoupé d'un grand nombre de rivières, dont le cours se dirigeait à l'ouest et au nord-ouest. Il semble néanmoins parler avec moins de confiance du cours de ces ri-

---

(1) Ptolémée, *Afr.*, tab. 4; Edrycy, p. 16 et suiv. Aboûlféda, *prolegom*, article des *Fleuves*. — *Qamry* signifie *lunaire*, de *Qamar*, la lune.

vières, excepté le Misselâd, et la petite rivière de Batta, qui se joint à cette dernière. Il n'hésite point à faire couler ces deux dernières du sud-est au nord ouest (1). Quant aux autres, il dit seulement : « Le « cours des rivières, si on me l'a bien in- « diqué, se dirige, pour la plupart, de l'est à « l'ouest. » Mais il dit aussi, t. 2, p. 307, que le pays qu'ils arrosent passe pour être humide et marécageux pendant une grande partie de l'année ; que la chaleur est excessive, et que les habitans observent qu'il n'y a point d'hiver. La principale, et en même-tems la plus éloignée de ces rivières, est le Bahhr-koulla, ainsi nommé du pays de même nom, et représenté par M. Browne (2) comme abondant en eaux; et ce Bahhr-koulla est assez considérable pour qu'on ne puisse le traverser qu'en bateaux ; quelques-uns de ces bateaux sont faits d'un seul arbre, et assez grands pour contenir dix personnes (3).

---

(1) *Nouveau Voyage dans la haute et basse Egypte*, etc., t. 2, p. 307, et la carte, t. 1, p. 351.

(2) *Nouveau Voyage dans la haute et basse Egypte*, t. 2, p. 91.

(3) Je crois apercevoir dans la description que

Il semblerait donc (si M. Browne a été bien informé, et je ne vois pas de raison d'en douter, attendu qu'il parle avec circonspection) que ces fleuves descendraient du pays haut situé au sud du Dârfoùr, dans la contrée comparativement plus basse et plus creuse, située à l'ouest, où M. Browne indique deux grands lacs sur sa carte; et cet espace se trouve, dans notre géographie, à-peu-près à moitié chemin de la source de la rivière Blanche et du pays de Oùanqârah, placé conformément aux notices de l'Edrycy, notices que confirme en général M. Hornemann, à qui il fut dit que le Oùanqârah

---

M. Browne fait de Dârkoulla, les indices d'un pays d'alluvions, c'est-à-dire, d'un pays dont le sol est formé par les dépôts des fleuves, entrecoupé par leurs ramifications et périodiquement inondé. M. Browne dit des habitans qu'ils sont très-propres; avantage dont ils sont en partie redevables à l'abondance des eaux du pays. Ils ont sur le fleuve des bacs, que l'on conduit, comme nos canots, avec des perches et des doubles rames. L'abondance des eaux et l'épaisseur de la glaise font naître des arbres si gros, que l'on creuse dans un seul arbre un canot assez vaste pour contenir dix personnes. *Nouveau Voyage dans la haute et basse Egypte*, t. 2, p. 92, 94 de la traduction française.

était situé à l'ouest de l'empire de Bornoù (1). Le grand fleuve de l'intérieur de l'Afrique (notre Niger) traverse ce pays de Oùanqârah, et nous ne pouvons tracer son cours plus loin du côté de l'est. Il est nécessaire de remarquer ici que l'Edrycy supposait que le Niger coulait vers l'ouest, d'une source qui lui était commune avec le Nil d'Egypte.

Dans le fait, si l'on considère combien doivent être vagues et inexacts des renseignemens donnés à une aussi grande distance des lieux qui font l'objet des recherches (c'est-à-dire à plusieurs centaines de milles de la station de M. Browne dans le Dârfoùr), on ne doit pas être surpris que les lacs et les fleuves en question puissent être reconnus pour ceux du Oùanqârah même. On peut observer que les distances de la capitale du Dârfoùr s'accordent aussi bien avec les lacs de l'Oùangârah, qu'avec ceux de Hermad et Douy ; et que le gisement ne diffère pas de deux rhumbs de vent (1). Il n'y a rien à objecter contre les gisemens du Dârfoùr de

―――――――――

(1) Léon l'Africain dit la même chose, pag. 254.

(2) *Voyez* la carte générale de l'Afrique septentrionale.

ce côté, et il ne serait nullement extraordinaire qu'il y eût plus de différence entre deux descriptions telles que celle de l'Edrycy et celle des habitans du Dârfoùr, qu'entre les positions des deux suites de lacs et de fleuves qu'on voit sur la carte.

Mais quelqu'ambiguité qu'il y ait à l'égard des fleuves situés à l'ouest entre la source de la rivière Blanche et Oùanqârah, on sait positivement que les eaux qui coulent des frontières méridionales et occidentales du Dârfoùr, se dirigent vers le nord-ouest, et forment un grand lac. Cela prouve qu'il existe un espace creux ou bas dans cette partie au nord-ouest du Dârfoùr, et à un peu plus de 160 milles à l'est de l'Oùanqârah (1). Il reste à découvrir si cette cavité est une continuation de celle qui reçoit les eaux du Niger, et en change une partie en lacs, dans le Oùanqârah. On a, en faveur de cette opinion, l'autorité de l'Edrycy, qui indique, dans tout cet espace, une communication par eau. Je vais maintenant tracer le cours

---

(1). Car l'Edrycy place ce lac (Kaùghah) à dix journées dans l'est de la Semeghondah du Oùanqârah.

de ces eaux, qui coulent de la région du Dârfoùr vers le nord-ouest.

M. Browne apprit (1), qu'au sud du Dârfoùr, et entre ce pays et la source de la rivière Blanche, les eaux formaient un fleuve considérable appelé Misselâd. Il en trace le cours sur sa carte du tome premier, page 268; et dans les routes qu'offre son appendix, tome 2, p. 307, 336, 344 et 345, vers le nord-nord-ouest et le nord-ouest, jusqu'à un point au-dessus du parallèle de 15 degrés nord (c'est-à-dire pendant près de 400 milles géographiques), il ne dit rien, ou du moins ne parle que d'une manière vague de son cours ultérieur. Mais il dit d'un second fleuve (le Batta), qui coule entre le Misselâd et le Dârfoùr, et très-près du premier, qu'il vient du sud, et que, se détournant vers l'ouest, il se jette dans le Bahhr-êl-Fittré (2). Il reste à ajouter qu'en suivant la route de l'ouest, depuis Oùârâ jusqu'à Begarméh (3), nous arrivons au

---

(1) *Nouveau Voyage dans la haute et basse Egypte*, t. 2, p. 307 de la traduction française.

(2) Tom. 2, p. 336.

(3) *Nouveau Voyage dans la haute et basse Egypte*, appendix, t. 2, p. 336.

Bahhr-Fittré même : mais sans aucun indice qui annonce qu'on traverse le Misselâd sur cette route. Quoi qu'il en soit, ce point va être éclairci, à l'aide de Hornemann et de l'Edrycy.

M. Browne dit encore (1) que les habitans des bords du Bahhr-Fittré font usage de petits bateaux, pour passer d'un lieu à un autre, sur le fleuve. Comme le mot *Bahhr* indique également un lac ou un fleuve, M. Browne le prend ici dans cette dernière acception ; mais nous apprenons de M. Hornemann, que les états du sulthân de Fiddri (pour employer son orthographe) sont situés autour d'un grand lac d'eau douce, qui porte le même nom ; et que ce lac reçoit un fleuve qui vient du Dârfoùr, et dont les bords sont très-riches en sucre. (*Voyez* ci-dessus, p. 163.)

Plusieurs circonstances viennent à l'appui de cette supposition d'un lac. Hornemann dit que le canton de Fiddri, quoique appelé de ce nom par ses habitans, est appelé *Koùgoù* par les peuples qui habitent à l'est (les arabes), et *Luffe* par ceux de l'ouest.

---

(1) *Idem*, t. 2, p. 337.

Or, l'Edrycy indique Koùghah ou Kaùghah, comme un pays et une ville situés près d'un grand lac d'eau douce, à 30 journées dans l'ouest ou le sud-ouest de Donqolah, à 36 journées dans l'est de Ghânah ; et nous avons ici sa véritable position. De plus, M. Browne place, dans la route de l'ouest ci-dessus mentionnée, à 3 journées et demi en-deçà du Bahhr-Fittré, Dârcouka (1), qui est sans doute le pays de Koùghah ou de Koùgoù dont il s'agit.

Ce qui est dit des bateaux qui voguent sur le Bahhr-Fittré (2), s'accorde aussi avec l'idée d'un lac ; et l'on ne saurait douter que le Misselâd de Browne ne soit le fleuve qui vient du Dârfoùr, selon Hornemann, et qu'il ne se jette dans le lac de Fittré, aussi bien que le fleuve Batta (3).

---

(1) Ceci prouve que les peuples de l'est donnent au Fittri le nom de Kaùghah (ou Kouka), comme le dit M. Hornemann. M. Browne nous a appris que *dâr* signifiait *pays*, ainsi Dârfoùr veut dire le pays de Foùr.

(2) *Nouveau Voyage dans la haute et basse Egypte*, t. 2, p. 337.

(3) M. Hornemann, pag. 169, dit que le lac de Fittri a de 4 à 8 journées de tour ; que ses dimensions varient avec les saisons sèche et pluvieuse ; qu'il devient

On observera que ce que l'Edrycy décrit comme la partie supérieure du cours du Niger (*Nilus nigrorum*), est évidemment le fleuve dont il s'agit ici; mais il le décrit comme sortant de la même source que le Nil d'Egypte, et coulant vers l'ouest. On voit aussi dans Ptolémée le même fleuve prenant sa source à-peu-près au 10.ᵉ deg. de latitude nord, comme le fait le Misselâd.

Il paraît donc certain qu'à partir du Dârfoùr, le terrain va en pente vers l'intérieur de l'Afrique, du côté du nord-ouest et de l'ouest; et les descriptions de l'Edrycy (1) tendent également à prouver qu'il va aussi en pente du nord-est au sud-ouest, vers le lac de Fittré; puisqu'il décrit le fleuve de Koûkoù comme coulant vers le sud (2).

Il faut entendre la même chose du fleuve

---

trois fois plus grand pendant les pluies, et qu'il laisse un sol riche au cultivateur, durant la sécheresse.

(1) *Geographia nubiensis*, p. 13 de la traduction latine des maronites.

(2) Ce fleuve paraît être celui dont parle Ebn el-Oûârdi (dans l'Edrycy de Hartmann, p. 27, 53, 55, 56, 62.), comme venant de l'est, et passant par Ghama (*Lisez* Beghâmah ou Beghâmeh) pour se jeter dans le Nil. Il s'agit du Nil des Nègres (notre Niger).

des Gazelles, ou *Oùâdy-êl-Ghazel*, que M. Browne (1) place à deux journées nord-ouest du lac Fittré, et M. Beaufoy à une journée de la capitale du Bornoù. A la vérité, il fut dit à M. Hornemann que le Oùâdy-êl-Ghazel n'était point un fleuve, mais une vallée fertile et populeuse. C'est probablement l'un et l'autre, c'est-à-dire, une vallée fertile, avec un fleuve qui la parcourt. D'après cela, il faut supposer que le Oùâdy-êl-Ghazel est un autre fleuve qui vient du nord et se jette dans le lac de Fittré; et, conséquemment, que le lac même est le réceptacle des eaux orientales de l'intérieur du nord de l'Afrique.

L'Edrycy place Semeghondah (2) à 10 journées dans l'ouest ou sud-ouest de Kaùghah (notre Fittré), et dans le pays de Oùânqarah, qui se trouve absolument entouré des bras du Niger et périodiquement inondé par ses eaux. Il est évident qu'il a cru qu'il y avait une communication par

―――――――――――――――――

(2) Tom. 2, p. 337 de la traduction française.
(3) M. Hartmann, p. 52, serait assez disposé à lire Samfarah, comme le porte un manuscrit de la bibliothèque Bodleyenne d'Oxford. (L-s.)

eau entre le Oùanqârah et le Kaùghah ; car il dit (p. 7) qu'on transportait le sel tout le long du Niger, du côté de l'est, jusqu'à ce point. Il est à remarquer qu'au dire de Hornemann, les habitans de Fittré (Kaùghah) n'ont d'autre sel que celui qu'ils se procurent avec des substances végétales (1).

---

(1) Il faut observer que l'Edrycy, p. 13, comprend Kaùghah dans le pays de Oùanqârah, quoique, dit-il, quelques auteurs en fassent une dépendance de Kâuem.

Il convient de rétablir et de rectifier ici la distance de Ghânah à Donqolah. Elle se trouve dans les *Proceedings*, ou *Mém. de la Soc. afr.* pour 1798, p. 122. On y voit que l'Edrycy place Kaùghah à 30 journées de Donqolah, ce qui, suivant son échelle, équivaut à 570 milles géographiques. Les renseignemens de M. Browne en donnent 578. De plus, M. Hornemann dit que Fittré (ou Kaùghah) est à 40 journées, dans l'est, de Kachna. (*V.* ci-dessus, p. 170 et 171). Cet intervalle, en adoptant la position donnée à Kachna dans la carte de 1798, est de 653 milles géographiques, équivalant à 16 et demi par jour, et il est parfaitement satisfaisant. L'Edrycy compte 36 journées entre Ghânah et Kaùghah ; ensorte que, par ce calcul, Ghânah doit être de 4 journées plus près de Kaùghah que Kachna. Dans la carte de 1798, Ghânah est placé de 8 milles trop à l'est. (*Voyez* les *Mém.*, p. 121.) Cette erreur corrigée, Ghânah sera à 82 milles de Kachna, ce qui néanmoins

(256)

Si, comme le pensait l'Edrycy (p. 7.), il existait une communication par eau entre

est encore trop pour 4 journées, et convient mieux à 5.

L'intervalle entre Ghânah et Kaûghah, ainsi rectifié, est de 575 milles géographiques en ligne droite; ce qui ne fait pas plus de 15 milles et demi par jour, pour les 36 journées de l'Edrycy, tandis que son échelle ordinaire est de 19. Par conséquent, si ce qu'il a dit est exact, il faut ou que Ghânah soit plus à l'ouest, ou que le cours du Niger, le long duquel sa route se dirige, jusqu'à dix journées de Kaûghah, forme une courbe très-considérable au sud, après avoir traversé les états de Haoussa, dont Ghânah fait partie. Il a été dit plusieurs fois à M. Hornemann, p. 159, qu'il déclinait vers le sud; mais on ne sait pas si cette divergence est assez considérable pour occasionner la différence mentionnée ci-dessus.

M. d'Anville avait aussi l'idée, et il l'exprima dans sa carte d'Afrique, de 1749 (peut-être d'après des renseignemens positifs), que le Niger déclinait vers le sud au-delà de Ghânah; ensorte que le lac de Semeghondah, où il se termine, est de 3 deg. et demi de latitude, au sud de Ghânah; ce qui, pour le dire en passant, placerait le lac de Semeghondah à-peu-près sur le même parallèle que le Bahhr-Hemad de M. Browne. Pour le présent, nous devons nous contenter d'évaluer la distance de Ghânah à Kaûghah. En admettant une courbure vers le sud, elle donne $16\frac{2}{3}$ ou 16 et demi, où le taux ordinaire de la marche des

Kaŭghah et Oùanqârah (n'importe de quel côté l'eau se dirige), ce fait prouverait naturellement que leur niveau est le même; et dans ce cas, il faudrait regarder comme très-invraisemblable qu'une portion quelconque du cours de la rivière Blanche, au sud du Dârfoùr, soit plus basse que le lac Fittré. Mais peut-être l'autorité de l'Edrycy, à cet égard, semblera douteuse à quelques personnes, d'autant plus qu'il dit que le Niger coule à l'ouest.

Mais en écartant cette circonstance, et en laissant les faits avancés par MM. Browne et Hornemann, s'expliquer par eux-mêmes, on peut demander,

1°. S'il est probable que le Niger, après avoir coulé pendant environ 2250 milles anglais en ligne droite depuis sa source, ne doive pas arriver à un niveau plus bas

---

kâravânes. J'ai fait voir que le rapport de M. Hornemann, à l'égard de la distance de Kachna au Fittré, est d'accord avec toutes les données; et il n'est pas douteux qu'il ne soit préférable à celui de l'Edrycy, en ce qu'il est beaucoup moins sujet à erreur que ce dernier, qui a passé par tant de mains avant d'arriver jusqu'à nous.

que celui des contrées adjacentes aux sources du Nil (1);

2°. Si le cours du Misselâd, depuis le sud du Dârfoùr, n'est pas directement contraire à celui que le Niger devrait suivre depuis le Oùanqârah, pour se joindre à la rivière Blanche;

3°. Si le cours des eaux situées à l'ouest du Dârfoùr et de la source du fleuve Blanc, ne passe pas également pour se *diriger* vers la région qui renferme le Niger, au lieu

---

(1) La Tamise, entre le pont de Maidenhead et Mortlake (espace d'environ 41 milles anglais en droite ligne), a une pente de plus d'un pied huit pouces par mille. Mais c'est là une des parties de son cours où il est le plus de niveau; car quoiqu'elle ne descende pas de terres fort élevées, on ne peut pas lui supposer une pente de moins de 4 pieds par mille dans toute l'étendue de son cours. D'après cela, le Niger devrait avoir une pente de plus de 8000 pieds dans son cours, supposé qu'il se continue jusqu'à la rivière Blanche. En ne comptant même que deux pieds et demi (ce qui paraît très-modéré) la pente ne serait pas moindre de 5625 pieds, ou 115 verges de plus qu'un mille anglais. Peut-on croire que le lit de la rivière Blanche, au sud du Dârfoùr, et à un point peu éloigné de sa source, soit d'un mille plus bas que les sources du Joliba ou Niger?

d'*en venir*; et si l'on ne dit pas qu'elles coulent dans un pays marécageux, tandis que le pays situé à l'est, sur la ligne qui sépare Fittré et la rivière Blanche, est élevé et montueux (1);

4°. Le pays de Ouânqarah, etc., n'a-t-il pas comme celui de Fittré, les propriétés d'un pays d'alluvions, inondé par les débordemens du Niger, dans une étendue de plus de 350 milles anglais de longueur, sur plus de 170 en largeur ? Et n'a-t-il pas, ainsi que Ghânah, de grands lacs d'eau douce dans la saison sèche (2) ? Une surface aussi étendue

---

(1) *Nouveau voyage*, etc. t. 1, p. 351 de la traduction française.

(2) « De la ville de Ghânah, dit l'Edrycy, jusqu'aux premières limites du pays de Ouanqârah, on compte huit journées. Ce pays d'Ouanqârah est fameux pour l'abondance et la qualité de son or natif. Cette même île est longue de 300 milles et large de 150 milles, le Nil l'environne toute l'année. Au mois d'*âghoust* (d'août), dans les grandes chaleurs, lorsque le Nil déborde et que ses eaux s'étendent au loin, cette île est inondée en entier ou en très-grande partie, et l'eau y demeure pendant un tems régulier, ensuite elle se retire. Quand le Nil est rentré dans son lit, tous ceux qui s'étaient retirés dans le pays des noirs reviennent dans ces

ne suffit-elle pas pour l'évaporation des eaux du Niger, comme nous en avons déjà un exemple en Perse, où le Hyrmend, fleuve dont le cours est de plus de 400 milles, s'évapore sur une surface qui ne forme pas la vingtième partie de celle que couvre l'inondation du Oùanqârah (1) ? Je retourne à la géographie générale.

îles ; ils se mettent à creuser à mesure que le Nil diminue, et chacun ramasse plus ou moins d'or, suivant la portion que Dieu lui accorde ; mais personne ne travaille en vain... » *Geographia nubiensis*, 2.e partie du 1.er climat, p. 17 du texte arabe ; et p. 11 et 12 de la traduction latine des maronites. *Voyez* aussi *Edrisii Africa curavit Hartmann*, p. 47. et suiv. de la 2.e édit.

(1) Ebn Hhaùqal, géographe arabe du 10.e siècle (récemment traduit par sir William Ouseley. *Voyez* ci-dessous, p. 278), décrit ainsi le fleuve Hyrmend, p. 205 : « Le fleuve le plus considérable du Sedjestân est le Hyrmend, qui vient du Gaùr à la ville de Bost, et delà traverse le Sedjestân, où il se jette dans le lac Zaréh. Ce lac est très-petit quand les eaux du fleuve ne sont pas abondantes ; quand son lit est plein, le lac augmente à proportion. La longueur de ce dernier est d'environ 30 farsangs (environ 110 milles anglais), et sa largeur d'environ un merhhileh (une journée ou 24 milles anglais. Ses eaux sont douces, salubres, etc.

On sait que le lac Zaréh n'a point d'issue.

M. Hornemann, en décrivant la position des états du sud, parle de Oûâdy, limitrophe du Dârfoùr, à l'ouest ; puis du Metho (ou Metko), à l'ouest, ou plutôt au nord-ouest du Oûâdy, deux contrées arrosées par le fleuve qui, du Dârfoùr, coule dans le lac Fittré (c'est-à-dire le Misselâd). Il cite enfin Fittré même, au nord-ouest du Metho (ou Metko). Continuant sa description, il dit que Begharmé (1) est situé au nord de Oûâdy, Bornoù au nord de Fittré. Il paraît n'avoir pas eu connaissance du Bergoù ; ou peut-être l'a-t-il confondu avec le Bourgoù qui est vers Aùdjélah (le Berdoa de Delisle et de d'Anville). Le Bergoù, suivant M. Browne, est un pays indépendant ; ainsi que le Metho (ou Metko) et le Oûâdy ; en sorte que l'empire de Bornoù se termine du côté du sud à Fittré (ou Kaùghah), à Margui et à Oùanqârah (2).

M. Browne n'a pas ouï parler de ces contrées sous ces noms de *Oùanqârah* (3), de

---

(1) Le Béghâméh de l'Edrycy.

(2) M. Browne, t. 2, p. 351 de la traduction française, évalue à 20 journées la distance qui se trouve entre Donga et la limite (méridionale) du Bornoù.

(3) La personne que consulta M. Hornemann,

Oûddy, ni de *Metho* (ou Metko), quoiqu'il ait tracé dans sa carte l'espace qui les renferme. Il ne paraît pas non plus avoir eu connaissance du Dâr-Couka, comme étant le Kaughah de l'Edrycy, ou le Fittré de Hornemann.

Les intéressantes recherches de M. Browne finissent au nord, à la capitale du Bornoù: mais comme celles de M. Hornemann s'étendent jusqu'aux frontières du Dârfoùr, elles se suppléent mutuellement; en sorte qu'elles donnent beaucoup plus de poids aux relations concernant le cours des eaux, depuis le Dârfoùr jusqu'au lac Fittré.

Quant aux suites de distances du Fezzân au Dârfoùr, et du Dârfoùr au Sennaar, en voici les détails. J'ai déjà donné, pag. 256 celles de Ghânah à Doñqolah.

M. Beaufoy compte entre Temissa (dans le Fezzân) et la capitale du Bornoù, 43 journées de kâravâne, dans une direction

---

l'appelait *Ungara*; et il paraît que les arabes le nomment *Bélâd êl-Tebr*, ou le pays de l'or (d'Herbelot et Bâkoùy). On dit à M. Browne dans le Dârfoùr, qu'on ne trouvait pas beaucoup d'or à l'ouest. Mais Oùanqârah, pays riche en or, au moins anciennement, est situé à l'ouest du Dârfoùr.

vers le sud-est. M. Browne place cette capitale, d'après les recherches qu'il a faites au Dârfoùr, à 19 deg. 45 min. de latitude, et à 21 deg. 33 min. de longitude, ensorte qu'il laisse un intervalle de distance équivalant à 562 milles géographiques, entre Temissa et le Bornoù, calcul qui ne suppose les journées que de 13 milles et une petite fraction chacune. Ce taux est beaucoup au-dessous de celui de la marche des kâravânes ; et il se peut que les journées de séjour se trouvent comprises dans le nombre total de 43, comme cela arrive souvent, lorsque les indications n'ont pas toute la précision convenable. Il est établi dans les *Proceedings*, ou *Mém. de la Soc. afr.* pour 1798, que Bornoù est à 534 milles géographiques de Donqolah sur le Nil ; et le résultat de M. Browne en donne à-peu-près 600. Il faut pourtant remarquer que les tables de M. Browne (1) donnent le gisement de nord quart nord-ouest, entre Begharmé et Bornoù, que j'ai suivi préférablement à celui de sa carte, qui est nord 13 ouest : il place ainsi Bornoù à 562 milles de Donqolah. Le

---

(1) Tom. 2, p. 341 de la traduction française.

milieu entre la position de l'ancienne carte et celle qu'a donnée M. Browne, serait 567. Mais faute d'une autre ligne de distance qui croise celle-ci, et sur laquelle on puisse compter, la position de ce point, important pour la géographie, reste dans l'incertitude. On dit à M. Hornemann que Bornoû était à 15 journées de Kachna, et à 25 à l'ouest-quart-sud-ouest en deçà de Fittré. Cela doit indubitablement s'entendre de la frontière de l'empire de Bornoû, du côté de Kachna, et non de la capitale; et cette indication paraît très probable, d'autant qu'il est dit que les états de Bornoû se terminent de ce côté à la contrée de Oùanqârah.

CHAPITRE IV.

Des tribus qui occupent les parties habitables du grand désert. — Les tibbos et les toûâryks. — Empires de Bornoû, d'Asben et de Haoussa. — Observations générales.

Les recherches de M. Hornemann répandent un nouveau jour sur la distribution des espaces habitables qui se trouvent en-dedans ou sur les bords de la partie du Ssahhrâ, située à l'est de Tomboctoù, ainsi que de ceux qui sont dans la même position, relativement au désert oriental ou de Libye.

Les empires de Haoussa et de Bornoû, composés de divers petits états, paraissent se partager l'espace qui s'étend le long du Niger, depuis le territoire de Tomboctoù jusqu'au Dârfoûr, du côté de l'est, et s'étendre vers le nord à une distance assez considérable du cours général de ce fleuve.

Deux nations considérables, les tibbos et les toûâryks, paraissent également se partager le reste de l'espace compris au nord dans les déserts; elles entourent le Fezzân de tous côtés, excepté au nord, et se terminent aux états maritimes situés le long de la Méditerranée, depuis le désert qui borne l'Egypte à l'ouest, jusqu'au mont Atlas. M. Hornemann paraît être le premier qui ait donné ces idées générales, concernant les tibbos et les touâryks; elles méritent d'être prises en considération.

Les tibbos ou tibbous possèdent la partie orientale de ce vaste espace, et les touâryks, la partie occidentale qui est la plus étendue. Le Fezzân les sépare au nord; et son méridien forme à-peu-près leur limite commune, jusqu'à l'extrémité sud de leur territoire, vers le Kachna et le Bornoù (1).

---

(1) Il existe une ville nommée *Taboù*, à une distance considérable du Fezzân, vers le sud-ouest. D'Anville la nomme *Tibedou*. Elle paraît être le *Tabidium* de Pline, l'une des villes conquises par les romains, sous le commandement de Balbus. (Pline, liv. 5, c. 4 et 5). Cet auteur dit que « les romains étaient en possession du pays jusqu'au Niger, qui sépare l'Afrique de l'Ethiopie; » et il donne une longue liste des provinces et des villes qui étaient sous leur domination. Il est à présumer qu'indépendamment du Fezzân, de

Selon M. Hornemann, les établissemens des tibbos commencent au sud et au sud-est du Fezzân, et s'étendent de là vers l'est, le long du sud du Haroudje et du désert d'Audjélah, jusqu'au vaste désert de sable des *Lebetœ* (1) (*Libya*) qui ferme l'Egypte du côté de l'ouest. Ce désert forme la limite orientale des tibbos. Au sud, des arabes errans possèdent l'espace qui est entre les tibbos et l'empire de Bornoù; et à l'ouest, sont les touâryks d'Asben (Aghadès), de Tagazi, etc.

Suivant ce qui a été dit à M. Hornemann, les tibbos sont divisés en tribus, dont voici les noms: 1°. rechâdéh, ou tibbos des rochers; 2°. febabo; 3°. Borgoù ou Birgoù; 4°. Arna; 5°. Bilma; 6°. tibbos nomades.

Qadames, de Taboù, etc., ils possédaient la bande fertile qui s'étend de là sur une même ligne jusqu'au Niger, c'est-à-dire l'Aghadès, le Kachna, et peut-être le Ghânah.

On observera que Pline (c. 8) parle de deux Ethiopies, et cite Homère, comme ayant partagé l'Ethiopie en orientale et occidentale. Tout porte à croire que l'espace qui les divisait était la bande fertile dont il s'agit, et qui s'étend à la suite du Fezzân, vers le Niger.

(1) *Levata* de Léon l'Africain, p. 245.

1°. Les rechâdéh. Cette tribu possède la contrée qui se trouve immédiatement au sud et au sud-est du Fezzân ; elle est de plus mêlée avec les fezzâniens, dans ces parties du Fezzân, comme les toùâryks le sont dans les parties occidentales, et les arabes dans le nord. Les villes des tibbos rechâdéh, sont Abo et Tibesty, dont je suis en état de fixer la position à-peu-près, au moyen d'une route donnée par M. Hornemann. (1).

---

(1) De Mourzoùk à Gatron (ou Qatron), 54 milles au sud. Il faut entendre des milles anglais, et y comprendre les sinuosités de la route. De là à Tegheri, 33 milles au sud-sud-ouest. A Abbo, 7 journées, et delà à Tibesty, trois journées dans une direction vers l'est. Enfin à Borgoù, 18 journées ; en tout 28 journées, dont chacune est évaluée à 18 milles anglais de distance itinéraire. *Voyez* ci-dessus, p. 149.

Nous avons calculé à la page 234, que, d'après le résultat général des diverses autorités, il fallait placer Teghery au sud 26 deg. ouest, à 68 milles géographiques de Mourzoùk.

Dès-lors, on peut évaluer à 140 milles géographiques les 10 journées indiquées pour Tibesty, avec la direction de l'est ; et cette ligne rencontrant celle de Temissa, de 7 journées, équivalant à 98 milles géographiques, (*voyez* les *Mém. de la Soc. afr. pour* 1790, chap. 4),

Les tibbo-rechâdéh, ou tibbos des rochers, sont ainsi appelés de ce qu'ils ont leurs habitations sous des rochers, ou de ce qu'ils logent dans des cavernes, devant lesquelles ils construisent des cabanes de roseaux pour y passer l'été.

La notice de M. Beaufoy, (ch. 6), concernant le pays qui se trouve entre le Fezzân et le Bornoù (1), et la description du Haroùdje blanc, par M. Hornemann, peuvent donner une idée de l'espace qu'habite cette tribu. La route qui va au Bornoù, quitte le Fezzân à Temissa; d'où, après sept journées de marche, on arrive à la plaine de Tibesty, qu'on dit habitée par des mahométans; dans le fait, le mahométisme est la religion des tibbo-rechâdéh. Les quatre dernières journées, on traverse ce qui est appelée *un désert montueux de sable*. Tels sont les renseignemens de M. Beaufoy.

Le Haroùdje blanc que M. Hornemann a traversé, est dans ce voisinage, et s'étend

---

place Tibesty à 133 milles au sud-est-quart d'est de Mourzoùk.

(1) Chap. 6, p. 188 et suiv. des *Proceedings*, etc., ou *Mém. de la Soc. afr.* pour 1790, édit. in-8°. (L-s.)

du côté du sud, à partir de la ligne qu'il a suivie dans sa route d'Aùdjélah à Mourzoùk. Ainsi, il n'est pas invraisemblable que le désert montueux dont il vient d'être fait mention, soit une continuation du Haroùdje blanc. Ce qui rend cette conjecture plus probable, c'est qu'il fut dit à M. Hornemann, qu'en allant du Fezzân au Bornoù, on traversait certaines montagnes noires, qu'il a soupçonnées faire partie du Haroùdje noir. Or, j'ai montré que le Haroùdje noir touche au Haroùdje blanc, du côté de l'est ; et cette disposition peut se continuer du côté du sud, direction dans laquelle M. Hornemann apprit que le Haroùdje noir se prolongeait au-delà de la ligne de sa route.

Ce voyageur dit (1) que la partie montueuse du Haroùdje blanc est composée « de pierre à chaux, molle et friable, où « les pétrifications ont si peu d'adhérence, « qu'on peut les arracher sans effort. » Par conséquent, il n'y a point de rochers plus susceptibles de contenir des cavernes naturelles, ou dans lesquels il soit plus fa-

---

(1) *Voyez* ci-dessus, p. 94.

cile d'en creuser s'il en est besoin. Il résulte donc de la description et de la position de cet espace, que c'est celui qui est habité par les tibbo-rechâdéh.

Une circonstance mentionnée par Hérodote (*Melpom.* c. 183), fait présumer que ces tibbos sont les éthiopiens-troglodytes, auxquels les garamantes donnaient la chasse. Je crois avoir prouvé que les garamantes sont les Fezzânyens ; et voici une tribu de troglodytes justement sur leurs frontières. Le même passage nous apprend qu'ils sont très-agiles à la course. M. Hornemann dit que les tibbos ont la démarche vive et légère, comme s'ils possédaient cette qualité à un degré remarquable ; mais il dit cela des tibbos en général, et non d'une tribu en particulier. Il semble néanmoins d'un autre côté, qu'il ait plus vu les tibbo-rechâdéh que les autres tribus de ce peuple ; car il dit « qu'ils se rendent en foule au Fezzân ; » et il est possible qu'il ait formé son opinion sur la nation en général, d'après ce qu'il a vu de cette tribu (1).

---

(1) On a trouvé des troglodytes par-tout où l'art ou la nature leur avaient préparé des retraites. Ils sont

Hérodote rapporte une étrange particularité, relativement aux troglodytes. Il dit que leur langage a quelque ressemblance avec le cri des chauve-souris (1).

II. *Les Febabos.* On trouve cette tribu

---

toujours doués d'un très-grande agilité à la course. *Voyez* Pline, liv. 7, c. 2, et le voyage d'Hammon, etc.

Si l'on considère que le Fezzân, sous le nom de *Garamanta*, fut une des premières contrées de l'intérieur de l'Afrique, dont les grecs eurent connaissance, il n'est pas tout-à-fait sans vraisemblance, que la première idée de la vîtesse qui caractérisait les éthiopiens troglodydes, soit venue de là. Et si l'on refléchit également à la fausse idée qu'avaient les grecs du gisement de la côte occidentale de l'Afrique, on conçoit qu'Hannon peut avoir supposé que la source du fleuve Linus, près de laquelle il plaçait le séjour de ses troglodytes, était située au centre de l'Afrique.

(1) Melpomène, chap. 183, t. 1, p. 248-249 de la traduction du cit. Larcher. — Les audjélyens dirent à M. Hornemann que les tibbos du Febabo ou du Borgou (on ne voit pas clairement de laquelle de ces contrées il s'agit) parlaient une langue qui ressemblait au sifflement des oiseaux. Il en prend occasion de rappeler ce que dit Hérodote concernant le langage des éthiopiens, auxquels les garamantes donnent la chasse; mais il est probable qu'il n'a point songé à établir d'identité entre ces derniers et les fezzânyens.

à 10 journées au sud-sud-ouest d'Aùdjélah. Entre ces territoires, du côté d'Aùdjélah, il y a un désert de 6 journées sans eau. Malgré cet inconvénient et la distance où sont les febabos de la côte maritime de Bengasi (20 journées pour le moins), ils sont exposés tous les ans aux incursions des habitans de Bengasi, qui, se joignant à ceux d'Aùdjélah, vont chez eux voler des hommes et des dattes. *Voyez* ci-dessus, art. *Guégabyb*, p. 219.

3. *La tribu de Bourgoù*, *Borgou ou Birgoù*. (Il ne faut pas confondre cette tribu avec Bergoù, était situé du côté du Dârfoùr). Elle est indiquée par d'Anville et Delisle, aussi bien que dans Léon l'Africain, sous le nom de *Berdoa*; mais M. Hornemann répète trop souvent le mot Bourgoù, pour qu'il y ait méprise de sa part. Cette tribu réside au sud de Febabo, à quelques journées de distance, et à 18 journées dans l'est de Tibesty. On peut donc la placer au sud, quelques degrés ouest d'Aùdjélah, et à-peu-près sur le parallèle de la partie sud du Fezzân.

Le territoire des bourgoùs est, à ce que l'on dit, assez fertile; mais ils passent en gé-

18

néral pour être des voleurs. Vers l'époque de la visite que leur fit M. Hornemann, ils pillèrent une kâravâne de fezzânyens, qui venait du Begarméh et du Bornoù. Le sulthân du Fezzân fit marcher des troupes pour en tirer vengeance; et le petit nombre de ces troupes semble prouver que les bourgoùs ne forment pas une grande population, ou qu'ils vivent très-dispersés (1). La route de l'armée du sulthân aide à déterminer tout-à-la-fois les positions des bourgoùs et des tibbo - réchâdéh (2).

---

(1) *Voyez* ci-dessus, p. 148 et 149.

(2) On a vu dans la note de la p. 271 que le Bourgoù est à 18 journées de Tibesty, ce qui donne 252 milles, à raison de 14 milles par journée, vu qu'elles sont de 18 milles anglais en distance itinéraire. Il est dit, p. 171, que le Bourgoù (ou Birgoù) est situé vers le sud, à quelques journées du Febabo. Dans la carte, la ligne de 252 milles passe dans l'est du Febabo (placé à 10 journées au sud-sud-ouest d'Aùdjélah (*voyez* pag. 150), assez loin pour placer le Bourgoù dans le sud-sud-ouest du Febabo, au lieu du sud. Il se peut que le Febabo ne soit pas autant à l'ouest qu'au sud-sud-ouest d'Aùdjélah, attendu qu'on ne saurait compter moins de 14 milles par jour depuis Tibesty. J'ai en conséquence changé le gisement du sud-sud-ouest, et je l'ai rapproché davantage du méridien. Le Bordoa, ou Bordeo de Léon l'Africain (p. 245, 246),

M. Beaufoy rapporte (1) que, dans une autre occasion, les tibbos de Tibesty pillèrent une kâravâne du Fezzân, et que ce brigandage fut également puni ; mais dans cette dernière circonstance, les tibestyens, qui sont les tibbo-réchâdéh, secondèrent le sulthân. Il paraît par la géographie, que les kâravânes du sud-est sont fort exposées aux attaques de Bourgoù et de Tibesty, dans leur route vers le Fezzân (1).

---

s'accorde avec cette position. Il est, suivant lui, à 500 milles arabes du Nil, au milieu du désert de Libye; et il abonde en dattes.

(1) *Proceedings of the African Society*, etc. *Mémoires de la société d'Afrique pour* 1790, chap. 4.

(2) Quoique le sulthân du Fezzân paraisse exercer des représailles légitimes en attaquant ainsi les tibbos, M. Hornemann nous révèle quelque chose de ses motifs secrets, lorsqu'il nous apprend (p. 122) que « depuis quelques années, ce prince a considérablement augmenté ses revenus, par des excursions contre les tibbos de Borgoù »; et le résultat de l'expédition mentionnée ci-dessus, fut le vol d'environ deux cents personnes qu'on vendit. Il est à remarquer qu'au rapport de M. Browne, une partie du revenu du sulthân de Dârfour, provient de sa part dans les profits du *selaty*, ou des parties de chasse aux esclaves (t. 2, pag. 79). Il dit aussi du Dârkoullah, pays des nègres, que les lois mêmes sont conçues dans la vue de

4. *Tribu d'Arna.* On dit que cette tribu habite à cinq ou six journées dans l'est de Bourgoù. Elle doit par conséquent border le désert de sable des *Lebetœ*. M. Hornemann (p. 149) paraît ne l'avoir connue que de nom.

5. *Tribu de Bilma.* C'est la principale tribu des tibbos : elle occupe l'espace intermédiaire entre le Fezzân et Bornoù, et contigu au grand désert de Bilma. Dyrké, sa capitale, est, dit-on, à une journée de Bilma, qui est peut-être le *Balmalah* de l'Edrycy. Elle fait le commerce entre Bornoù et le Fezzân (1). On pourrait croire que le Billa de Ptolémée est le même lieu que Bilma ; mais il est trop à l'est.

Selon M. Beaufoy, la distance d'Aghadès au lac de Dumbou, situé dans le désert de Bilma, est de 45 journées des kâravânes qui portent le sel. Ces journées, à raison de 13 milles géographiques par jour (2), donnent

---

faire des coupables, pour en faire ensuite des esclaves (t. 2, p. 93). Ensorte que le commerce des esclaves existe à-peu-près de la même manière dans cette partie de l'Afrique, où ils ne sont point achetés par des marchands européens, que dans la partie occidentale.

(1) *Voyez* ci-dessus, p. 147.
(2) On a vu qu'en assignant la durée de leurs marches,

un total de 585 milles. L'intervalle sur la carte est d'environ 60 milles de moins ; ainsi, il faut qu'Aghadès (1) soit plus à l'ouest ou Dumbou plus à l'est. Deux circonstances semblent prouver qu'Aghadès devrait être plus à l'ouest : il fut dit à M. Magrah que cette ville était située au sud 30°. ouest du Fezzân, et au nord du Kachna. Cette partie de la carte générale de 1798 n'a subi aucun changement.

6. *Tibbos* Nomades. Cette tribu est la plus méridionale de toutes. Elle est établie dans le Bahhr-êl-Ghazel, qu'on dit à M. Hornemann être une vallée longue et fertile, à 7 journées au nord de Begarméh, j'ai déjà parlé, page 254, du Bahhr- (ou Oùâdy-)

---

dans les grandes distances, les voyageurs des kâravânes sont dans l'usage de compter tout le tems qui s'écoule entre leur départ et leur arrivée. De là vient que les jours de repos ont souvent été ajoutés aux jours de marche, et qu'on a adopté des distances fautives. Voilà sans doute ce qui a donné lieu à la Société africaine, peu de tems après son institution, d'estimer les journées à un si petit nombre de milles. L'expérience seule peut rectifier nos idées à cet égard.

(1) Où Aùdaghost. *Voyez* ma note ci-dessus, p. 135. (L-s.)

êl-Ghazel. La distance de 7 journées au nord du Begarméh placerait les tibbos nomades dans l'empire de Bornoù. Peut-être au Bornoù comme dans la Perse, tant ancienne que moderne, les tribus nomades trouvent-elles des terrains où elles peuvent changer souvent de demeure (1). Mais on a lieu de douter qu'elles en trouvent si loin dans le sud, car on nous dit qu'un fleuve appelé Oùâdy-êl-Ghazel coule dans le désert même de Bilma. On trouve des gazelles dans le voisinage de Dumbou, et il se peut qu'elles aient donné leur nom à un fleuve dans

---

(1) La preuve de ce fait est établie d'une manière très-satisfaisante, par Hérodote et par Ebn Hhaùqal, géographe du 10.ᵉ siècle, dont l'ouvrage vient d'être traduit en anglais par sir W. Ouseley, savant dont les travaux ont rendu de grands services à la géographie.

Nota. Cette cosmographie, écrite originalement en arabe par Ebn Hhaùqàl, sous le titre de *Kétâb Méçâlik oùé Mémâlik*, a été traduite et abrégée en persan. C'est d'après le texte persan que M. William Ouseley a fait sa traduction anglaise, publiée à Londres en 1800, en un vol. in-4°. Le même savant a promis de compléter cet important ouvrage par un volume entier de notes qui sont attendues avec impatience par ceux qui ont lu sa traduction. (L-s.)

ce pays, aussi bien que dans le Begarméh (1).

Des Toùâryks (2).

Les toùâryks que M. Hornemann dit être une nation puissante, paraissent occuper les parties habitables du grand Ssahhrâ (3), situé à l'ouest du méridien du Fezzân. Il faut nécessairement qu'ils soient très-dispersés. Ils sont aussi divisés en plusieurs tribus. M. Hornemann se borne très-sagement à ce qu'il a appris par lui-même concernant ce peuple, et il n'a guère observé que les tribus de Kollouvy et de Hhagarâ (4), qui sont les plus voisines du Fezzân, et qui font le commerce entre le Fezzân, le Soùdân et Qadamès.

---

(1) Ou Beghâméh. *Voyez* les notes ci-dessus, p. 148 et 165. (L-s.)

(2) M. Hornemann, p. 171, regarde cette nation comme étant les *Terjâ* (ou *Thderdja*) de Léon l'Africain, situés dans la partie ouest du grand désert. (Léon, p. 245.)

(3) Ou désert; car c'est la signification de ce mot arabe. (L-s.)

(4) Plus littéralement Hhadjarâ. *Voyez* ma note ci-dessus, p. 151. (L-s.)

Les Kollouvy possèdent le pays d'Aghadès; et il semblerait qu'ils l'ont conquis depuis peu. Ce pays, avec d'autres provinces limitrophes, forme un état qu'on nomme en général Asben. Il touche au Kachna (partie de l'empire de Háoussa), du côté du sud; au Bornoù, du côté de l'est. Sa capitale est la ville d'Aghadès, qui est aussi grande que les faubourgs de Tunis, au dire de la personne qui donna des renseignemens à M. Magrah; or, M. Magrah observe que les faubourgs de Tunis forment la plus grande partie de cette ville.

Mais la route du Soûdân, transmise par ce voyageur, semblerait prouver que les établissemens des touâryks, tels que Gazer (1), Tagazy (2), Jenet (3), etc., ne sont que de petits villages, dispersés sur une espace immense, comme ceux de la plupart

---

(1) Je crois qu'il faut lire *Gazéïr*, et plus correctement *Djézéïr*, les îles. Ces villages sont en effet des îles dispersées au milieu des sables. (L-s.).

(2) Plus correctement *Tedjazy*, qui suffit au besoin de ses habitans. (L-s.)

(3) Lisez *Djennét*, jardin. Ces différens noms arabes sont, comme on le voit par leurs significations, parfaitement convenables aux lieux qu'ils désignent. (L-s.)

des autres tribus situées dans cette singulière contrée. Samfarat et Gouber, qu'on dit être contigus, paient tribu à Asben.

Les hhagarâ sont les plus orientaux des toûâryks, et voisins du Fezzân. Je ne puis les placer sur la carte. Ils occupent peut-être Ghânat, au sud du Fezzân; ou, comme les toûâryks possèdent Jenet et Soqnâ, au nord-ouest de Ghânat, la ville des Agary, située dans le même canton, est peut-être ce qu'on entend par Hhagarâ (1). Il en est fait mention dans les routes que M. Magrah a recueillies à Tunis.

M. Hornemann parle aussi de la tribu matkara, mais sans indiquer sa situation, et de la tribu tagama, qui habite vers Tomboctoù et le Soûdân (2). Il met en avant

---

(1) La conjecture de M. Rennell me paraît confirmée par les principes de la langue arabe. L'y final du mot *agary* désigne un nom de nation : c'est ainsi que de *Messr*, Egypte, on fait *messry*, égyptien. L'aspiration de la première syllabe a été omise par l'inexactitude du voyageur. Je suis très-convaincu que ce mot doit être orthographié ainsi : *Hhagary*, et plus correctement *Hhadjary*. (L-s.)

(2) Ptolémée indique une ville appelée *Tagama*, située près du Niger, mais trop à l'est pour correspondre avec la position que l'on donne ici (Afr. tab. 4).

une conjecture ingénieuse concernant cette tribu. On les dit plus blancs, ou plutôt moins noirs que les autres habitans de l'intérieur de l'Afrique ; et ils ne sont pas mahométans. Or, comme les mahométans donnent en général le nom de *nassáry*, ou chrétien, à tous ceux qu'ils traitent d'infidèles, M. Hornemann en conclut que c'est là ce qui a donné lieu au bruit qu'on a fait courir qu'il existait près de Tomboctoù une tribu de chrétiens blancs (1).

Il y a aussi un Tegoma dans notre géographie, près du Kachna.

(1) Plusieurs personnes se sont attendues à trouver dans l'intérieur de l'Afrique, les restes de la nation carthaginoise, chassée de sa patrie par les romains. Mais si l'on considère le long espace de tems qui s'est écoulé depuis cette expulsion, l'on ne peut guère se flatter de trouver les débris d'un peuple qui se soit assez peu mêlé avec les nations environnantes, pour conserver les traits distinctifs de son caractère et de sa langue. D'ailleurs, il semblerait que les carthaginois proprement dits, j'entends par là les descendans des phéniciens, doivent moins être regardés comme une nation, que comme des corporations de bourgeois, habitant des villes de commerce, ensorte que leur langue peut n'avoir jamais été dominante dans toute la Barbarie.

Nota. J'ai tout lieu de croire que l'on pourrait trouver

Les toûâryks orientaux vivent principalement à la manière des nomades.

Une particularité curieuse concernant les toûâryks, est qu'ils ont fondé des colonies à Syoùah, à Aùdjélah et à Soqnâ, contrées qui sont toutes commerçantes, et forment une chaîne le long de la limite septentrionale du desert de Libye, du côté des états maritimes qui bordent la Méditerranée. Il faut y ajouter la petite Oasis, vu qu'on y parle la même langue qu'à Syoùah; et M. Browne appuie cette idée, en disant (1), que la petite Oasis forme une sorte d'établissement capital des arabes maghrébyns. On reconnaîtra peut-être aussi que Qadamès est une colonie du même peuple, dont les établissemens du même genre peuvent s'étendre tout le long de la limite septentrionale du Ssahhrâ, puisqu'il a des colonies dans

---

dans le Berber des vestiges considérables de la langue punique. *Voyez* ci-après mon *Mémoire sur les Oasis*. (L-s.)

(1) *Nouveau Voyage dans la haute et basse Egypte*, etc., t. I, p. 196 de la traduction française. (L-s.)

un canton aussi éloigné de son véritable pays (1).

Selon M. Hornemann, les toùâryks sont une nation très-intéressante, et plus digne d'attention qu'aucune autre tribu du Ssahhrâ; mais il accorde la palme en fait d'intelligence, de bienfaisance et de douceur, aux habitans de l'Haoussa, qui sont néanmoins des nègres.

Cet Haoussa (voyez p. 160 et 161), dont la position a si long-tems échappé aux recherches des géographes, est, suivant M. Hornemann, un empire composé d'un grand nombre de petits états, et situé au centre de l'Afrique septentrionale. Le Kachna, ou Kasna, qui a si long-tems

---

(1) M. Browne (t. 1, p. 248 de la traduction française) donne au peuple de la grande Oasis, le nom d'*arabes maghrebyns*, aussi bien qu'aux habitans de la petite Oasis. Il est donc probable que toutes les Oasis sont des colonies des toùâryks.

Nota. Le témoignage des auteurs arabes et la langue que l'on parle dans les Oasis, ne nous permettent pas même de douter que leurs habitans modernes ne soient originaires du mont Atlas et des parties occidentales de l'Afrique. *Voyez* ci-après mon *Mémoire sur les Oasis, d'après les auteurs arabes.* (L-s.)

figuré sur les cartes comme un empire indépendant, doit, d'après sa description, qui a pour elle toutes les probabilités, faire place au Haoussa, dont il n'est qu'une province. Sur le témoignage d'un marabouth, notre voyageur renferme en général dans le Haoussa, les pays situés entre Tomboctou, Asben et le Bornoù (1).

Il dit qu'on donne à cet empire trois noms (comme au Fiddri ou Fittré). Ses habitans l'appellent Haoussa; les arabes Soùdân (2),

―――――――――――――

(1) *Voyez* le plan inséré dans la carte de route de M. Hornemann.

(2) Les maures ou arabes donnent le nom de *Soùdân* au pays des nègres, que les romains désignaient par celui de *Nigritia*. Aboùlfédâ comprend toute la partie connue de l'Afrique, au sud du grand désert, dans le Bélâd Soùdân, ou pays du Soùdân. (Le mot *Soùdâ* signifie noir en arabe.)

M. Browne qui a visité une partie du Soùdân appelée le *Darfoùr*, convient que le Soùdân correspond à notre Nigritie, vu que « c'est un terme générique pour désigner le pays des nègres, t. 1, p. 271. « Rien n'est plus
« vague, dit-il dans sa préface, p. xxxv, que l'acception
« du mot *Soùdan*. Parmi les égyptiens et les arabes,
« *Berr-ès-Soùdan* signifie l'endroit où arrivent les kâ-
« ravânes dans le premier canton habitable du Dârfoùr,
« c'est-à-dire, sur la frontière orientale de ce royaume;

mot qui signifie le pays des noirs ou nègres, et les habitans du Bornoù, Asna. Mais ce dernier nom, dit-il, ne s'applique strictement qu'aux pays de Kachna, Kano (Ghânah) et aux parties du Haoussa, situées à l'est de ces contrées, et qui sont en effet les parties du Haoussa, limitrophes ou les plus voisines du Bornoù; cet usage a prévalu plus ou moins dans tous les pays.

M. Hornemann garde le silence sur l'existence d'une ville de Haoussa ; mais il a su que Tomboctoù (qui, du reste, a peu de

---

« car je ne les ai jamais entendu appliquer ce nom au
« Kordofan, ni au Sennaar. Dans le Dârfoùr, on s'en
« sert pour désigner les contrées qui sont à l'occi-
« dent. Enfin il me semble qu'il signifie le plus com-
« munément le pays des nègres le plus voisin de
« l'Egypte. »

Quoi qu'il en soit, on a vu que les tunisiens et les fezzânyens comprennent dans le Soùdân le Haoussa, c'est-à-dire le Kachna et les contrées adjacentes. Ainsi il faut au moins l'étendre dans l'ouest jusqu'à Tomboctoù. J'ignore s'il faut lui donner encore plus d'étendue à l'ouest. Ce mot, qui est d'origine arabe, peut fort bien avoir une acception limitée, et ne pas embrasser tout le pays des nègres.

relations avec le Fezzân) est certainement la principale ville et la plus digne d'attention qu'il y ait dans l'intérieur de l'Afrique.

Il faut convenir que les renseignemens recueillis à Tunis par M. Magrah, concernant Haoussa, s'accordent avec la relation de M. Hornemann ; mais il peut aussi exister une ville nommée Haoussa, dans le voisinage de Tomboctou et dans les limites de l'empire qu'on appelle maintenant Haoussa ; et cette ville, à une époque plus ancienne, peut avoir été la capitale de l'empire.

M. Magrah s'exprime en ces termes (mss. de Beaufoy) : « Toutes les personnes que « j'ai questionnées en dernier lieu, persistent « à représenter le Haoussa comme un em- « pire considérable, qui comprend plusieurs « principautés. Au rapport de Sydy-Qâcem, « Kachna est la grande ville, Haoussa le pays « des nègres. La route de Tunis à Qadamès « est exactement au sud ; il en est de même « de celle de Qadamès à l'Haoussa. » La même autorité a donné pour le gisement du Fezzân à Aghadès, le sud 30°. ouest, et celui d'Aghadès à Kachna le sud (1).

―――

(1) Le passage suivant se trouve dans une lettre de

Observations générales.

Il est hors de doute que la géographie a gagné considérablement aux voyages de M. Hornemann, beaucoup moins cependant qu'elle aurait fait s'il avait donné les gisemens généraux des différentes parties de ses routes, les latitudes de quelques points importans, et la note exacte du tems qu'il a mis à se rendre du Fezzân à Tripoli. Quoi qu'il en soit, il faut avoir singulièrement égard à la situation critique dans laquelle il se trouvait placé, aux difficultés qu'il eut à vaincre pour soutenir le rôle qu'il avait pris, et pour s'occuper en même-tems à remplir les vues de la Société africaine.

Il est bien digne de remarques qu'un petit nombre d'années a suffi pour résoudre plusieurs des questions concernant la géo-

---

M. Jackson de Santa-Cruz à M. Willis, en date du 1.er juillet 1797 :

« J'ai pris des informations particulières concernant le Haoussa ; leur résultat est qu'il n'existe point de lieu de ce nom. Les environs de toutes les grandes villes sont appelées dans l'arabe de ce pays : *êl-Hhaoùz* ou *Hhaoùzah*. »

graphie et l'histoire naturelle de l'Afrique; qui, durant une longue suite de siècles, ont paru les plus importantes et les plus curieuses; et il est permis d'ajouter que la géographie physique de cette contrée semble devoir être encore plus intéressante qu'on ne la supposait.

Parmi les questions résolues en tout ou en partie, on peut compter les suivantes:

1°. La direction générale du cours du Niger, que M. Park a prouvé être de l'ouest à l'est, quoique l'on ne connaisse pas exactement le lieu où il finit, et comment il se termine;

2°. La position de la source la plus éloignée du Nil, objet de la curiosité de tous les siècles. Quoiqu'aucun voyageur n'ait encore visité cette source, on peut s'en rapporter sans crainte aux renseignemens de M. Browne, d'autant mieux qu'ils s'accordent presqu'entièrement avec ce que M. Ledyard apprit au Caire des habitans du Dârfoùr, avec les notices des géographes arabes, et avec les informations recueillies en Égypte par Maillet;

3°. La situation de l'Oasis de Hammon et des ruines de son temple, découverte dûe à

M. Browne et confirmée par M. Hornemann, la position et l'étendue exacte de la grande Oasis, indiquées par M. Browne; et la position approximative de la petite Oasis, dont on est redevable aux recherches de l'un et de l'autre;

4°. La position de la nation que les anciens appellèrent *Garamantes*, déduite des renseignemens recueillis par Léon l'Africain;

5°. La vérité de la question concernant le Lotus, qui, examiné de bonne foi, et dépouillé des idées poétiques qu'on y avait jointes, est réellement tel que les anciens l'ont décrit : le mérite de cette découverte, ou au moins celui d'en avoir donné la preuve, appartient en grande partie à M. Park;

6°. La preuve de certains faits avancés par les anciens, tels que,

— L'usage où sont les habitans de la côte d'aller cueillir les dattes de quelques cantons situés loin d'eux, dans l'intérieur des terres;

— Le *Mons ater* de Pline, retrouvé dans le Haroudje noir;

— La situation de Memphis, enveloppée auparavant de doute et d'obscurité;

— La structure singulière de la levée de Bubaste dans la Basse-Égypte, prouvée par les savans français (1).

Quoique les personnes employées par la Société africaine n'aient fait qu'une partie de ces découvertes, il est probable cependant que le voyageur à qui nous sommes redevables de quelques-unes des plus brillantes, fut en partie déterminé à s'en occuper, par les discussions dont s'occupa cette Société, établie quelques années avant que M. Browne commençât ses voyages.

POST-SCRIPTUM.

Lorsqu'on imprimait le mémoire précédent, j'ignorais que la lettre de M. Hornemann, écrite de Mourzouk le 6 avril (2), renfermait ce passage:

---

(1) Le lecteur est prié de comparer la description de cette levée dans Hérodote (*Euterpe*, ch. 137, 138) avec celle qui se trouve dans le *Voyage à la branche tanitique du Nil*, *Mémoires sur l'Egypte*, t. I, p. 215 et suiv. *Voyez* aussi le *Système géographique d'Hérodote*, p. 513, pour l'application.

(2) Et insérée ci-dessus, p. 142. (L.-s.)

« Je parlai dernièrement à un homme
« qui avait vu M. Browne dans le Dârfour.
« Il m'a donné quelques renseignemens sur
« les pays qu'il a traversés. Selon lui, la
« communication du Niger avec le Nil n'est
« point douteuse ; mais elle se réduit à
« très-peu de chose avant la saison des
« pluies; le Niger, dans ces contrées, étant
« stagnant ou *non coulant* pendant la sai-
« son sèche. »

Si on peut compter sur ce témoignage, il prouve deux faits; le premier, que le Niger et le Nil (c'est-à-dire la branche occidentale du Nil ou la rivière Blanche) ne sont point le même fleuve; mais qu'au contraire, leurs sources sont parfaitement distinctes. En effet, on convient généralement que la rivière Blanche est très-considérable dans toutes les saisons, tandis qu'on nous apprend que pendant la sécheresse, le Niger ne verse dans le Nil qu'une petite portion de ses eaux. Il faut donc que les eaux du Nil viennent d'ailleurs que du Niger.

L'autre fait est que, pendant la sécheresse, les eaux du Niger s'évaporent généralement dans les contrées de l'intérieur. Plusieurs personnes ont révoqué ce fait en doute, faute de bien connaître la nature et la force de l'évaporation.

On reconnaîtra peut-être que la communication dont il vient d'être parlé est celle des lacs de Oùanqârah et de Fittré, que l'Edrycy représente comme faisant partie de l'espace où se fait le commerce du sel, le long du Niger. Il ne sera pas hors de propos de répéter que le Misselâd de la carte répond à la partie supérieure du Niger de l'Edrycy.

APPENDICE.

APPENDICE.

N°. I.

REMARQUES

Sur la Description du pays et des antiquités de Syouah, données par M. Hornemann, dans lesquelles on compare cette Description avec ce que les anciens ont écrit touchant l'Oasis et le temple d'Hammon; par sir W. Young, baronnet, secrétaire de la Société africaine.

La Société n'a point reçu les papiers dont il est fait mention dans le *post-scriptum* de M. Hornemann; et comme il s'est écoulé deux ans depuis que nous les attendons, nous avons pris le parti d'offrir à la curiosité des lecteurs la notice plus sommaire qui précède, trop convaincus qu'il ne faut plus en espérer d'autre. Il se rencontre rarement dans l'intérieur de l'Afrique, des facilités de correspondre avec l'Europe; cette correspondance ne saurait avoir lieu qu'au moyen des kâravânes qui voyagent à des époques fixes, mais éloignées; et même en se servant de ce moyen, les voyageurs européens ou chrétiens doivent employer tant de précautions pour éviter de choquer la bigoterie et les préjugés des mahométans, que la position de M. Hornemann a pu, non-seulement retarder l'exécution du projet qu'il avait formé d'écrire de nouveau, mais même l'empêcher tout-à-fait. Il exprime fortement dans ses lettres datées du Caire, le 31 août 1798, la nécessité où il se trouve de soutenir le rôle de musulman, de paraître n'avoir aucune liaison avec ceux qu'on nomme les infidèles de la chrétienté. Il y conjure avec instance de ne pas même s'informer de lui, de peur d'éveiller la jalousie et les soupçons des naturels, auxquels on adresserait des questions sur son compte; et il se peut qu'en ce moment les mêmes craintes s'opposent au désir qu'il aurait de donner par lui-même de ses nouvelles.

D'après ces considérations, l'esprit public dont ses commettans sont animés, leur a fait un devoir de ne pas recéler plus long-tems les notions curieuses qu'il a déjà transmises; et de les publier, même dans l'état d'imperfection où elles leur sont parvenues, et dont ils conviennent de bonne foi.

Ils présument néanmoins que le lecteur, en parcourant cette relation, n'y aura pas trouvé beaucoup de choses qui réclament la faveur de son indulgence. Mais quelques détails semblent avoir besoin d'éclaircissemens, et s'il était possible d'avoir recours au voyageur lui-même, il donnerait sans doute à leur égard les explications les plus claires et les plus satisfaisantes.

A défaut de cet avantage, l'éditeur présente ici des notes ou un commentaire sur deux objets d'un intérêt particulier, dont il est parlé dans le journal, d'une manière en apparence incorrecte, ou qui contredit les renseignemens donnés par d'autres écrivains.

Page 29, l'étendue que M. Hornemann suppose à l'Oasis de Syouah, diffère beaucoup de celle que lui assignent tous les auteurs anciens ou modernes (1).

Page 44, les dimensions du temple égyptien paraissent différer dans toutes les proportions de celles qu'a données en dernier

---

(1) Voyez mon *Mémoire sur les Oasis, d'après les auteurs arabes*, formant le 2ᵉ appendice. (L-s.)

lieu M. Browne, voyageur d'une exactitude reconnue.

Quant au premier article, mon dessein est de constater l'erreur, et de montrer d'où elle peut être provenue.

A l'égard du second, j'aurai à placer le sujet dans un point de vue qui, non-seulement conciliera la variation apparente des deux descriptions, mais encore fera voir que l'explication même qui rectifie et compare ces différences, donne lieu à des inductions justes et neuves, concernant l'ancienne architecture et la destination du bâtiment dont il s'agit.

Page 29, M. Hornemann établit que le plus fertile et le principal canton de Syoùah peut avoir 50 milles de tour. En cela, il contredit toutes les relations des auteurs cités par M. Rennell, et celle de M. Browne, qui, conformément aux descriptions des autres écrivains, dit que l'étendue de l'Oasis, ou territoire fertile, est de 6 milles en longueur et de 4 milles et demi en largeur, c'est-à-dire, qu'il a tout au plus 18 milles de circonférence. On reconnaîtra de plus qu'à cet égard, Hornemann contredit non-seulement les autres auteurs, mais lui-même;

et que son propre journal fournit la preuve la plus forte contre son assertion.

Hornemann nomme toutes les villes situées dans le territoire de Syoùah, Charqyèh, Msellem, Monakhieh, Sbocka et Baricha; et il place tous ces villages ou villes à un mille ou deux de Syoùah, la capitale. Or, cette proximité n'aurait pas lieu, si le terrain fertile et riche s'étendait de toutes parts à 16 milles de rayon, comme une circonférence de 50 milles porte à le supposer. Dans un petit espace très-fertile, entouré de toutes parts de déserts arides et sablonneux, le sol productif suppose une population proportionnée à son étendue. Diodore de Sicile (1) nous apprend que les anciens hammoniens habitaient des Κωμηδον, c'est-à-dire des bourgs. Ceux d'aujourd'hui (probablement par des motifs de commodité, et pour se mettre à l'abri des arabes du désert), paraissent de même résider principalement dans des villes. Par conséquent, ces villes devraient être plus éloignées, plus dispersées sur un aussi grand espace, qu'il est permis de supposer occupé dans toutes ses

---

(1) Edition de Wesseling, t. 2, p. 198.

parties, d'après sa nature et la description qu'on en donne. La masse sociale aurait dû se réunir et s'accroître jusqu'à ce qu'elle eût entièrement couvert un pays aussi exclusivement fertile, et où l'on trouvait des moyens de subsistance refusés à tout ce qui l'environnait. En général, c'est par les moyens de subsistance qu'il faut évaluer l'accroissement de la population ; et en raisonnant d'après cette proposition, tout pays habitable et productif, situé comme l'Oasis de Syoùah, doit être considéré comme habité et mis en valeur. La proposition générale et l'évaluation du nombre des habitans se fortifient encore de cette induction particulière; savoir, que très-probablement les habitans des cantons stériles, mais peuplés en partie, dont ce pays était entouré, sont allés s'y établir.

La description que fait Hornemann du territoire de Syoùah coïncide avec la théorie, et la confirme. Il représente le pays comme composé de jardins murés ou palissadés de toute part, et cultivés avec tant de soin et de travail, que l'eau de chaque source est dirigée dans une grande quantité de canaux ; qu'on ne la laisse jamais s'écouler hors du territoire, et qu'on la force de se répandre dans les terres labourées. Il représente en même-tems le peuple de Syoùah comme un essaim, et sa capitale comme une ruche abondamment peuplée.

Attachons-nous maintenant au dénombrement plus particulier de ce peuple, et à la possibilité qu'un nombre d'hommes, tel qu'on peut, dans tous les calculs, supposer celui des cultivateurs, suffise pour travailler avec le soin dont il parle, un territoire de 50 milles de circonférence.

Il établit 1500 guerriers (1), ou *hommes portant les armes*, comme une donnée pour évaluer la population du pays. Il aurait dû dire, *hommes en état de porter les armes*. Autrement, il n'y a point de donnée, et ce qu'il dit ne signifie rien. Calculez une population dans la plus grande latitude sur

---

(1) Cette assertion importante ne se trouve pas dans le texte de notre voyageur, tel qu'il a été publié. J'ai tout lieu de croire que les éditeurs ou le traducteur l'auront supprimée par inadvertance. Il ne faut pas oublier que M. Hornemann a écrit sa relation en allemand, et que c'est d'après ce texte allemand qu'a été faite la traduction publiée par le comité de la Société africaine. *Voyez* la préface du journal. (L-s.)

une pareille donnée, et faites-en l'application à un canton bien cultivé, de 127,360 acres carrés; et vous n'aurez qu'un seul cultivateur pour au moins 50 acres cultivés; car notre voyageur a donné un autre genre d'occupation aux femmes. « Elles sont, « nous dit-il, occupées à des travaux ma-« nuels, et sur-tout à fabriquer des ouvrages « de jonc et des paniers, qu'elles font avec « beaucoup de propreté et d'adresse (1). » Ces calculs impliquent contradiction. Ou le territoire de Syoùah est moins étendu, ou il ne saurait être aussi bien cultivé.

Nous pouvons donc inférer de la relation même de M. Hornemann, que le riche territoire appellé l'Oasis de Syoùah, doit avoir beaucoup moins d'étendue qu'il ne lui en assigne positivement.

On découvrira peut-être la cause de son erreur, si on fait attention à certaines ex-

---

(1) La citation de M. Young n'est pas littéralement conforme à ce qu'on lit, page 36, quoiqu'il n'y ait pas moyen de douter de l'identité de ces deux passages. Mais M. Young a probablement travaillé d'après l'original allemand. (L-s.)

(2) *Voyez* ci-dessus, p. 29. (L-s.)

pressions dont il se sert. Il dit, par exemple : « Le territoire de Syoùah est d'une « étendue considérable ; le principal canton et le plus fertile, est une vallée bien « arrosée d'environ 50 milles de tour, *renfermée par des rochers escarpés et stériles.* »

Or, en recourant à d'autres descriptions du canton fertile ou Oasis de Syoùah, il est à remarquer que nulle part ce pays n'est représenté comme borné et clos immédiatement par des montagnes et des rochers escarpés. Diodore, liv. 17, parlant de l'Oasis de Hammon, dit qu'il était entouré de tous côtés de sables arides et inféconds ; M. Browne décrit de même l'Oasis ou terrain fertile, auquel il donne 4 milles et demi de largeur, et 6 milles de longueur, comme bordé et environné de terres désertes, par où il entend des plaines. Dans le fait, ce sont ces plaines désertes et limitrophes, qui, plus loin, sont bornées par des montagnes de rochers. M. Hornemann ne paraît pas s'être éloigné de la ville de Syoùah, de plus d'un mille et demi pour se rendre aux ruines, et de plus d'un mille pour visiter les catacombes d'*Él-motá*. D'après toutes ces considérations, on peut supposer que notre voyageur, regardant de Syoùah ou de ses environs, les montagnes ou les rochers qui l'entouraient dans l'éloignement, a compris dans son évaluation du terrain fertile toute la plaine intermédiaire, pour n'avoir pas eu soin de constater quelle pouvait être l'étendue du sol riche et cultivé dans l'aire même de cette plaine. Peut-être aussi a-t-il pris des informations ; mais il aura questionné quelqu'habitant jaloux de l'honneur de sa patrie, et qui aura jugé convenable d'exagérer l'opulence et l'étendue de sa petite république, et de confirmer son hyperbole, en lui montrant les imposantes limites qu'ils avaient sous les yeux ; ou peut-être, faute d'entendre suffisamment le dialecte de Syoùah, comme il en convient lui-même, il a confondu les idées de *pays occupé* et de *territoire sur lequel on a des prétentions*.

Que ces conséquences et ces explications soient fondées ou non, toujours est-il certain que l'étendue assignée par notre voyageur à l'Oasis de Syoùah, diffère non-seulement de celle qui lui est assignée dans toutes les autres relations, mais encore des preuves que fournit la sienne ; et qu'il faut rejeter son calcul comme erroné.

La page 44 de son journal, à laquelle cette note se rapporte, présente un autre objet de recherches et d'éclaircissemens. M. Hornemann, décrivant les ruines d'un ancien édifice situé dans les environs de Syoùah, nous donne des proportions et des dimensions, qui diffèrent en tout point de celles qu'a données précédemment M. Browne (1), dans sa description du même bâtiment.

Dimensions de M. Browne :

Long.,   32 pieds, larg., 15   haut., 18

De M. Hornemann :

30 à 36   24   27

M. Hornemann nous apprend qu'il fut plusieurs fois interrompu en entrant dans l'enceinte de ces ruines, et que la jalousie des habitans l'empêcha de suivre un plan quelconque, pour l'exactitude de ses observations ou de ses mesures. Il faut donc re-

---

(1) *Nouveau Voyage dans la haute et basse Egypte, au Dârfour*, etc., t. 1, p. 29 de la traduction française. (L-s.)

garder les dimensions qu'il nous donne, comme le résultat d'une supputation faite seulement par aperçu; et ces circonstances, jointes à quelques autres, donnent lieu de présumer qu'elle a été faite de dehors, au lieu que M. Browne nous dit expressément qu'il a pris ses mesures dans œuvre ou dans l'intérieur de l'édifice.

Il faut donc retrancher de la longueur et de la largeur du bâtiment, telles que M. Hornemann les décrit, toute l'épaisseur des murailles.

On peut supposer que l'épaisseur des murs de l'extrémité est beaucoup moindre que celle des murs latéraux. L'objet de ceux-ci ayant été de soutenir les énormes et pesans blocs de pierre qui formaient le toît, ils ont dû être construits avec une force et une solidité proportionnées, qui n'étaient pas nécessaires à l'entrée ou à l'extrémité de l'édifice, et qu'on ne lui a pas données, suivant toute apparence. A la vérité, M. Hornemann ne fait point cette distinction, en déterminant à six pieds l'épaisseur des murs; mais on est fondé à présumer que s'occupant spécialement, comme il fait, du toît massif, il a voulu noter exclusivement la force de la partie du bâtiment destinée à le soutenir.

En admettant cette conjecture vraisemblable, les dimensions données par M. Browne de dedans, et celles données par M. Hornemann de dehors, peuvent se concilier au point de disculper notre voyageur de tout reproche d'inattention dans son examen, ou d'inexactitude dans sa description, pourvu qu'on ait égard à sa situation, aux circonstances où il s'est trouvé, et, par-dessus tout, à l'aveu qu'il fait lui-même du manque de précision de ses mesures.

La hauteur comparative du bâtiment fournit matière à d'autres considérations, non moins intéressantes.

M. Hornemann nous apprend, pag. 44, que la portion septentrionale de l'édifice est bâtie sur un rocher calcaire, élevé d'environ 8 pieds au-dessus du niveau de l'enceinte, en dedans d'une circonvallation, qu'il décrit spécialement et exclusivement, et à laquelle je reviendrai ci-après. Il dit ensuite que deux grandes pierres du toît sont tombées dans la partie méridionale du bâtiment, et reposent presque de niveau avec le sol de la clôture extérieure; d'où il a conjecturé que la base ou l'aire de la division méridionale, était originairement plus basse que celle de l'extrémité septentrionale.

La différence que présente la mesure ou l'évaluation de la hauteur assignée par les deux voyageurs, fortifie beaucoup ce raisonnement.

On peut dire, en premier lieu, que lorsqu'un objet n'est pas d'une grande élévation, on doit estimer sa hauteur à la simple vue, avec beaucoup plus de justesse que toute autre de ses dimensions. La comparaison avec des objets connus, la taille d'un individu humain qui se trouve auprès, la personne même de l'observateur, lui fournissent à lui-même une sorte d'échelle, au moyen de laquelle il peut compter avec beaucoup de précision 4 à 5 fois sa hauteur.

Une différence aussi grande que celle de 18 à 27 pieds dans l'évaluation de la hauteur de l'édifice de Syouah, ne saurait se rencontrer dans les calculs de deux observateurs, quelque précipitation et quelque inexactitude qu'on leur suppose, en assignant la hauteur du même objet. Il faut donc croire que la différence existe dans l'objet même, et que pour l'un des observateurs il s'agit de la hauteur du mur intérieur, et pour l'autre, de celle du temple vu de dehors.

M. Browne prenant ses dimensions dans œuvre, voulut déterminer la perpendiculaire du mur, à prendre d'une partie du plancher la plus entière et la plus dégagée de ruines; et l'extrémité septentrionale remplit ces conditions. Les destructions opérées dans la partie méridionale ne paraissent avoir attiré son attention que comme de simples ruines; et sous ce rapport, il n'aurait pas donné la préférence à leur surface inégale et brisée, pour placer une perche et mesurer le sommet, ou pour regarder de ce point et calculer la hauteur. M. Browne, en conséquence, mesura la hauteur, d'une base convenable, à l'extrémité septentrionale, et la trouva de 18 pieds. J'ai déjà remarqué, d'après le journal de M. Hornemann, que l'extrémité septentrionale était bâtie sur un roc isolé, qui s'élève de 8 pieds au-dessus de l'aire de l'enceinte générale. Le haut du mur, du nord au sud, doit avoir été de niveau et sur une ligne droite; le bâtiment de la partie méridionale doit avoir été plus haut de 8 pieds que celui de l'extrémité septentrionale; et la totalité du bâtiment, vu de dehors, doit avoir paru, et avoir été réellement de 26 pieds de hauteur, même en conformité avec la description de M. Browne faite dans œuvre.

Les deux voyageurs s'accordent sur d'autres articles, tels que l'architecture du bâtiment et la sculpture des murailles, qui concourent à prouver que l'édifice est de l'antiquité la plus reculée, et d'origine égyptienne.

La division de l'édifice, exclusivement désignée par M. Hornemann, peut donner quelqu'indice ultérieur de son usage et de sa destination; peut-être même fournira-t-elle une probabilité de plus en faveur de l'hypothèse qui identifie ces ruines avec celles du temple, jadis fameux par les oracles, consacré par l'égyptien Danaüs, à la divinité d'Hammon (1).

---

(1) Ajoutons à cette observation de sir W. Young, que, suivant d'autres traditions également rapportées par Diodore de Sicile (lib. 3, §. 72, t. 1, p. 241), la fondation du temple dont il s'agit devait remonter à des tems encore plus reculés, puisqu'elle était attribuée au Bacchus (ou Dionysus) libyen, fils d'Hammon. (L-s.)

Je ne prétends discuter à aucun égard et sous aucun rapport, la situation du pays où fut érigé le célèbre temple d'Hammon. Je regarde cette question comme résolue et terminée pour jamais dans l'ingénieux et savant commentaire de M. Rennell sur la géographie d'Hérodote (1). Les faits, les raisonnemens et les inductions que présente

---

(1) Intitulé *the Geographical System of Herodotus*, etc. (Système géographique d'Hérodote, examiné et expliqué par la comparaison des systèmes des autres écrivains anciens et de la géographie moderne; ouvrage dans le cours duquel on a inséré des dissertations sur le stade itinéraire des grecs, sur l'expédition de Darius Hystaspes en Scythie, sur la position et les ruines de l'ancienne Babylone, sur les alluvions du Nil et les canaux de Suez, l'Oasis et le temple de Jupiter Hammon, sur l'ancienne circomnavigation de l'Afrique, et sur d'autres sujets d'histoire et de géographie; le tout expliqué par onze cartes adaptées aux différens sujets, et accompagné d'un index complet.) Londres, 1800, un vol. in-4°. de 767 pages. La réputation de son illustre et savant auteur me dispense de faire l'éloge de cet inestimable ouvrage, qui mériterait les honneurs de la traduction, tout autant que ces milliers de romans dont nous sommes inondés. A la vérité, cette entreprise présenterait plus de difficultés à l'homme de lettres et moins de profit au libraire qui s'en chargerait. (L-s.)

cet admirable ouvrage, prouvent sans réplique que l'Oasis de Syoùah fut anciennement l'Oasis d'Hammon. Ainsi nous voyons se rapprocher les limites de l'espace où il faut diriger nos recherches, pour déterminer l'emplacement du temple, d'après ses débris; et je ne perdrai pas de vue cette circonstance, en examinant certains détails de la description qu'on nous donne des ruines découvertes à Syoùah, et en rapportant à chacun d'eux le petit nombre de particularités que les anciens nous ont transmises concernant le temple d'Hammon.

La description générale des matériaux, de l'architecture et des sculptures, dispense d'alonger cet essai, pour rechercher en quel tems et par qui fut érigé ce bâtiment. Si quelqu'un doute encore que ce soit un *très-ancien édifice égyptien*, je le renvoie aux ouvrages de Norden (1), de Po-

---

(1) Frédéric Louis Norden, auteur d'un Voyage d'Egypte et de Nubie, publié à Copenhague en 1755, 2 vol. in-folio, et réimprimé dernièrement en 3 vol. in-4°., avec toutes les cartes et les figures qui ornent l'édition in-folio, soigneusement réduites pour le format in-4°. J'ai ajouté à cette édition la valeur d'un volume

(313)

cocke (1), de Lucas (2), et sur-tout à la dissertation de M. Rennell que je viens de citer. Je hasarde de regarder le fait comme prouvé, et j'ajoute seulement : τὸ μὲν ἐν τέμενος φασὶν ἱδρύσασθαι Δαναὸν τὸν Αἰγύπτιον. On dit que ce temple fut bâti par l'égyptien Danaüs. Diod. Sic. t. 2, éd. Wesseling, lib. 17, 50., p. 198.

Cela posé, quant au bâtiment et à son antiquité, le commentaire suivant portera sur des circonstances que M. Hornemann a seul remarquées, et qui peuvent conduire à des inductions ultérieures, quant à son usage et à sa destination primitive.

1°. En déterminant les restes supposés d'un temple où se rendaient des oracles, on

---

de notes et éclaircissemens tirés principalement des auteurs arabes. (L-s.)

(1) *Description of the East*, etc. (Description du Levant). Londres 1743-5. 2 vol. in-folio. Il existe une mauvaise traduction française de cet important ouvrage en 7 vol. in-12, dans laquelle on a supprimé les cartes et les planches qui ornent le texte. (L-s.)

(2) M. Young veut sans doute désigner ici Paul Lucas, et non le voyageur de la Société africaine, dont on peut voir les relations dans le premier volume des *Proceedings of the Association for promoting the discovery of the interior part of Africa*. London 1791, p. 69-119, édit. in-4° (-s.)

devrait s'occuper spécialement de retrouver les vestiges de l'*adytum*; et peut-être découvre-t-on des vestiges de l'*adytum* de celui-ci dans cette partie de la description de M. Hornemann, où il parle des différens niveaux de la base ou du plancher de l'ancien édifice de Syoùah.

Robert Etienne, dans son *Trésor de la langue latine*, s'exprime ainsi, au mot *adytum*, ἄδυτον, *locus secretior templi, ad quem non nisi sacerdotibus dabatur accessus, nam ex eo oracula reddebantur* (1).

Non-seulement l'*adytum* était un réduit d'autant plus mystérieux, qu'une vénération profonde en interdisait l'approche au vulgaire; mais encore c'était réellement une sorte de *crypte* ou de cachette. Parmi les prodiges qui précédèrent les triomphes de César en Asie, on voit que *Pergami in occultis ac remotis templi quo praeter sacerdotes, adire fas non est, quae Graeci*

―――――――――――

(1) *Adyton*, lieu le plus secret du temple, dont les prêtres s'étaient exclusivement réservé l'entrée, parce que c'était de là que se rendaient les oracles. (L-s.)

ἄδυτα *appellant, tympana sonuerunt. Bell. civil. lib.* 3. *c.* 105 (1).

Dans l'ouvrage de Pausanias, les ἄδυτα des temples où il y avait un oracle, paraissent avoir été creusés sous le sol et le pavé de l'édifice. Cet usage était si général, que dans les *Béotiques*, Pausanias emploie le mot *adytum*, comme synonyme de l'antre de Trophonius. Dans les *Corinthiaques*, l'entrée et le vestibule de l'*adytum* de Palæmon à Chronium, sont représentés comme des souterrains. ὅτι δὲ καὶ ἄλλο ἄδυτον καλούμενον, κάθοδος δὲ ἐς αὐτὸ ὑπόγεως. Edit. Kuhn., p. 113 (2).

---

(1) A Pergame, les tambours résonnèrent dans la partie du temple la plus reculée et la plus secrète, celle où les prêtres seuls ont le droit de pénétrer, et que les grecs nomment *adyta. Jul. Cæsaris Commentaria de Bell. civil.*, lib. 3, c. 105, p. 770, *ex editione* Oudendorpii. Lugd. Batav. 1737, in-4°. Il n'est peut-être pas inutile d'observer en passant que le *tympanum*, ou tambour, qui était l'instrument essentiel du culte des phrygiens, des syriens, et même des grecs et des romains, occupe aussi une place distinguée dans les temples des boudhystes ou sectateurs du Lama, tant au Tibet qu'au Japon. (L-s.)

(2) Il est assez étrange que l'auteur anglais ait parlé ainsi. Ce n'est nullement cela qu'on lit dans Pausanias. Τοῦ περιβόλου δέ ἐστιν ἐντὸς Παλαίμονος ἐν ἀριστερᾷ ναός.

et dans les *Achaïques*, l'entrée de l'*adytum* du temple de Minerve, à Pellène (1), est sous la base de la statue de la déesse, et, par hyperbole, ce sanctuaire est présenté comme pénétrant jusqu'au centre de la terre (2).

Ἀγάλματα δὲ ἐν αὐτῷ Ποσειδῶν καὶ Λευκοθέα, καὶ αὐτὸς ὁ Παλαίμων. Ἔστι δὲ κ. τ. λ.

Dans l'intérieur de l'enceinte (du temple de Neptune qui se voyait près de Corinthe, dans l'isthme même), on trouve sur la gauche *la chapelle* de Palæmon. Les statues qu'on y voit sont celles de Neptune, de Leucothée et de Palæmon même. Au même endroit (c'est-à-dire toujours dans l'intérieur de l'enceinte du temple de Neptune), on voit une autre chapelle (du même Palæmon) qui s'appelle l'*Adytum*, où l'on n'entre que par un souterrain. (L-s.)

(1) Pour plus grande exactitude, il eût fallu dire proche de Pellène ; car le texte porte que cet *adytum* de Minerve se trouvait sur le chemin qui menait d'Ægyre à Pellène. Κατὰ δὲ τὴν ὁδὸν ἐς αὐτὴν τὴν πόλιν.

Il se pourrait, il est vrai, que là il s'agît non du chemin d'Ægire à Pellène, mais du chemin du port à Pellène ; mais toujours est-il certain que l'auteur place l'*adytum* sur la route, non dans l'enceinte de la ville. (L-s.)

(2) Nous devons cependant observer que le texte grec indique seulement que ce souterrain était très-profond. Il était destiné à entretenir une humidité favorable à la conservation de l'ivoire qu'on avait employé

Il est aisé de comprendre la destination de ces *cryptes*, ou retraites creusées dans les temples où l'on rendait les oracles. Il était pour les prêtres, d'une politique indispensable d'empêcher la visite ou l'examen de ces lieux sacrés, afin d'environner leur oracle du mystère convenable, et de tout ce qui pouvait imposer le respect. Ils montraient la divinité toujours prête à punir d'une mort soudaine ceux qui osaient violer son sanctuaire. Parmi les nombreux exemples de ce fait, je n'en citerai qu'un arrivé en Egypte : Pausanias rapporte dans les *Phociques*, « Qu'un préfet romain ayant, « par une curiosité impie, envoyé quel- « qu'un examiner l'*adytum* d'Isis à Coptos, « son profane messager tomba mort sur la « place (1). »

L'oracle était proféré *ex adyto*.

Isque adytis hæc tristia dicta reportat (2).

VIRG. Æn. l. 2, v. 115.

à la statue de Minerve; mais il ne paraît avoir eu aucune destination sacrée ou mystérieuse. (L-s.)

(1) Suivant le texte grec, le messager tomba mort après avoir rendu compte de ce qu'il avait vu. (L-s.)

(2) Du fond de l'*adytum*, il rapporte ces tristes paroles. (L-s.)

On le rendait aussi *ex imo adyto*, ou, suivant d'autres, de la profondeur de l'*adytum*.

Nec dum etiam responsa deûm monitusque vetusti
Exciderant, voxque ex adytis accepta profundis :
Prima, Lycurgue, dabis Dircœo funera bello (1).

STAT. Theb. l. 5, v. 655.

Diodore de Sicile, liv. 17, dit que lorsque Alexandre désira un oracle d'Hammon, le grand-prêtre se retira dans le sanctuaire ou lieu sacré et donna la réponse *ex adyto*. C'est ainsi que s'exprime la version latine de Wesseling. Dans le fait, il n'y a point dans le texte de mot grec qui réponde directement à cette locution, *ex adyto*; mais comme il est dit que le prêtre se retira εἰς σηκόν, c'est-à-dire, dans le sanctuaire ou réduit secret du temple, on peut entendre qu'il proféra son oracle du fond de ce réduit.

Si nous appliquons les descriptions de l'*adytum* au bâtiment qui nous occupe, nous observerons que le rocher qui s'élève

---

(1) Il n'avait pas encore oublié les réponses et les avis que les dieux avaient donnés, ni la voix qui du fond de l'*adytum* avait proféré ces mots : *Lycurgue, tu seras la première victime de la guerre de Dircé.* (L-s.)

au centre de l'enceinte décrite à Syoùah, offrait à l'architecte une commodité particulière pour former une retraite semblable. Le sol environnant est représenté comme humide et marécageux, et par conséquent peu propre à être creusé. En construisant le προναος, ou partie antérieure du temple, sur la hauteur du rocher, on pouvait construire l'extrémité intérieure ou *pénétrale* sur un *crypte*, ou caveau artificiel de huit pieds de profondeur, assorti à la destination et aux mystères d'un temple où l'on rendait des oracles.

L'entrée de l'ancien édifice décrit par M. Hornemann, était au nord; et, de l'extrémité ou division septentrionale du bâtiment, il y avait une descente de huit pieds, pour gagner l'extrémité méridionale ou intérieure.

Soit qu'anciennement le pavé fût de niveau et continu, couvrant l'*adytum* à l'instar d'une voûte, soit que l'*adytum* fût un souterrain ouvert, d'où le prêtre, ainsi que le rapporte Diodore, proférait les prédictions de l'oracle sans être vu par le vulgaire; dans ces deux hypothèses, la forme de l'édifice peut se concilier avec les idées que anciens auteurs nous donnent du temple d'Hammon ; et autorise de plus en plus à conjecturer que les ruines décrites par M. Hornemann, sont celles de ce temple fameux.

2e. M. Hornemann, dans ses observations sur l'architecture lourde et grossière du bâtiment de Syoùah, dit « n'avoir pu découvrir en aucun endroit des murailles le moindre indice qui annonçât qu'elles aient été incrustées ou lambrissées de marbre, ou que des ornemens quelconques y aient été appliqués (1). » A parler vrai, le bâtiment ne paraît pas avoir été spacieux, et il ne pouvait admettre qu'un petit nombre de ces ornemens.

Les niches, les piédestaux n'étaient point nécessaires. Les plus anciens temples égyptiens ne renfermaient point de statues. Lucien s'exprime en ces termes : τὸ δὲ παλαιὸν καὶ παρὰ Αἰγυπτίοισι ἀξόανοι ναοὶ ἔσαν. Edit. de Bour-

---

Voyez page 46. Je répéterai ici l'observation que j'ai déja faite plus haut sur la différence qui existe entre les citations de M. Young, et les passages correspondant à ces citations, dans le texte de notre voyageur. (L-s.)

delot, p. 1057. (1). L'ancien temple égyptien d'Héliopolis, décrit par Strabon, n'avait d'autre décoration intérieure que des figures grossièrement sculptées sur les murailles, dans l'ancien goût étrusque, évidemment semblables à celles que M. Hornemann a remarquées sur les murs du bâtiment de Syoùah. Voici le texte de Strabon :
Ἀναγλυφὰς δ'ἔχουσιν οἱ τοῖχοι οὗτοι μεγάλων εἰδώλων ὁμοίων τοῖς Τυῤῥηνικοῖς, καὶ τοῖς ἀρχαίοις σφόδρα τῶν παρὰ τοῖς

---

(1) « Anciennement, les temples des égyptiens aussi ne renfermaient aucune image. » Lucien, *sur la déesse Syrie*. Si cette assertion de Lucien n'est point hasardée, elle pourrait donner lieu à des conjectures bien opposées à toutes celles que nous avons formées jusqu'à présent, relativement au culte et à la civilisation de l'Egypte. Ces temples sans statues ou sans figures, devaient donc être antérieurs à ceux dont les sculptures et les ruines excitent encore l'admiration de nos artistes modernes. Ayant été construits dans des tems de barbarie, pour ainsi dire avant l'enfance de l'art, ils doivent avoir disparu depuis long-tems. S'il en est ainsi, à quelle époque faut-il rapporter la population et la culture de l'Egypte, qui doit être cependant un pays de bien moderne formation, en comparaison de l'Ethiopie, de l'Inde, sur-tout de la Perse, que je regarde comme le véritable berceau des sciences, si toutefois elles ne sont pas éternelles et impérissables comme le monde. (L-s.)

Ἕλλησι δημιυργημάτων. Edition de Casaubon, pag. 806 (1). Ce fait et les indices d'une simplicité brute qu'on observe dans les restes de l'ancien bâtiment de Syoùah, viennent donc à l'appui de la conjecture qui en fait le temple d'Hammon. A la vérité, Diodore, Arrien et Quinte-Curce disent

---

(1) La citation de M. Young n'est nullement juste. Strabon, dans le passage que M. Young rapporte, et qui se trouve page 806 de l'édition de Paris, ne parle nullement du temple d'Héliopolis, ni même d'aucun temple proprement dit. Il ne parle que des longs murs qui se voyaient en avant de tous les temples égyptiens presque sans exception, et qui formaient une espèce d'avenue ou d'allée dirigée en forme d'entonnoir.

Au reste, le passage signifie : « Sur ces murs sont « sculptés en relief de grandes figures (*Litter.* Idoles) « semblables aux figures tyrrhéniennes (ou, *comme* « *nous les appelons communément*, étrusques) et aux « très-anciens monumens de l'art chez les grecs. »

Dans un autre passage de Strabon, fort voisin (*ibid.*), il est dit que « dans les temples égyptiens (dont il « parle en général) on ne voit aucune image ; du moins « si on y en voit, elles ne sont point de forme humaine, « elles représentent quelque animal. » Μετὰ δὲ τὰ προπύλαια, ὁ νεὼς πρόναον ἔχων μέγαν, καὶ ἀξιόλογον· τὸν δὲ σηκὸν σύμμετρον, ξόανον δ' ἰδεῖν, ἢ οὐκ ἀνθρωπόμορφον, ἀλλὰ τῶν ἀλόγων ζώων τινός. L.-s.)

tous qu'à l'époque dela visite d'Alexandre, on étala de l'or et de magnifiques ornemens, et qu'il y eut même une statue portée en procession. Mais Strabon accuse directement Callisthène, et par conséquent tous les auteurs qui l'ont copié, d'exagérations et d'additions inventées pour faire honneur à ce prince (1).

Le poëte Lucain, dans sa description du temple dont il s'agit (et l'on voudra bien considérer que c'est une fiction), établit que les libyens étaient *beati*, c'est-à-dire riches ; or, ce poëte avait à sa disposition tout l'or de l'Afrique. Si l'idée générale et la connaissance réelle qu'on avait alors de ce temple lui eussent permis de faire un tableau pompeux de sa splendeur et de sa magnificence, il paraît s'en être abstenu, par déférence pour ce qu'on savait généralement de la grossièreté et de la simplicité de cet édifice. Ainsi, sa qualité de poëte fortifie son témoignage, puisqu'il renonce à la pompe des descriptions qui est particulièrement adaptée à son génie ; et qu'il abandonne

---

(1) Voyez *Strabonis Geograph.*, p. 813, édit. de Casaubon.

également le sujet d'un beau contraste poétique avec la religion et les mœurs simples et pures de Caton. Il ne consulta que la vérité, lorsqu'il dit :

Non illic Libycæ posuerunt ditia gentes
Templa, nec Eois splendent donaria gemmis,
Quamvis Æthiopum populis Arabumque beatis
Gentibus, atque Indis, unus sit Jupiter Ammon :
Pauper adhuc deus est ; nullis violata per ævum
Divitiis delubra tenens, morumque priorum
Numen romano templum defendit ab auro. (1)

LUCAIN, liv. 9.

Ils approchaient déjà de ce temple sauvage,
Où Jupiter Ammon reçoit un plein hommage :
. . . .
Dans la vaste Libye il est seul adoré.
Mais bien qu'en ces climats son temple soit unique,
Il ne s'enrichit point des présens de l'Afrique ;
Les diamans ni l'or ne flattent point ses sens,
Et de tous les trésors il ne veut que l'encens.

BREBEUF.

On a lieu de présumer d'ailleurs que le temple d'Hammon était de petite dimension. Lorsqu'Alexandre y entre seul, ses historiens disent que cette permission exclusive était la marque d'un grand respect ; mais Strabon nous apprend que tous ceux qui accompagnaient Alexandre, entendirent l'oracle du dehors. ἔξωθέν τε τῆς θεμιστείας ΑΚΡΟΑΣΑΣΘΑΙ πάντας πλὴν Ἀλεξάνδρου, τούτου δ'ἔνδοθεν *ibid.* Ed. de Casaubon, p. 814 (1). L'oracle proféré du sanctuaire le plus intérieur, où les prêtres se retiraient à cet effet, suivant le passage de Diodore, que j'ai cité plus haut, put être entendu distinctement du dehors. Il faut supposer que l'entrée du temple n'était pas à une grande distance de l'*adytum*, et que par conséquent le temple n'était pas vaste.

3°. M. Hornemann établit expressément que l'édifice de Syoùah est situé au centre d'une enceinte, environnée à quelque distance des anciens fondemens d'un mur épais et massif. Pour ne point alonger cette

---

(1) La citation de M. Young n'est point parfaitement juste.

Strabon, l. c., semble dire positivement (d'après Callisthène) que quant à l'entrée dans le temple, elle fut permise à tous ceux qui accompagnaient Alexandre; mais à condition de changer de vêtemens. Alexandre seul eut le privilège d'y entrer vêtu comme à son ordinaire. Μόνῳ γὰρ δὴ τῷ βασιλεῖ τὸν ἱερέα ἐπιτρέψαι παρελθεῖν εἰς τὸν ναὸν μετὰ τῆς συνήθους στολῆς, τοὺς δ' ἄλλους μετενδῦναι τὴν ἐσθῆτα. C'est uniquement à l'égard de l'oracle, que l'auteur ajoute ensuite littéralement : Tous, excepté Alexandre, entendirent les oracles de dehors ; mais lui, il était dans l'intérieur. (L–s.)

note par des citations inutiles, il suffira de renvoyer en général à l'ouvrage de Pausanias, où il fait à peine mention d'un seul temple de la Grèce, sans indiquer en même-tems sa clôture et son enceinte. Le bois sacré même, distinct du temple, était souvent entouré d'un mur ; tel était celui de Vénus, dont il est parlé dans les *Eliaques*, c. 25.

On peut considérer ces murs comme servant à marquer la limite du territoire sacré; mais ils avaient aussi pour objet de protéger non-seulement la sainteté, mais encore les richesses du temple.

Les statues étaient souvent d'or et d'ivoire ; et les boucliers, les vases d'or et autres offrandes votives, données par ceux qui consultaient les oracles, formaient un trésor considérable, à proportion de l'importance et de la célébrité du temple. Cicéron, dans son accusation contre Verrès, observe que les trésors des états étaient souvent déposés dans les sanctuaires, attendu qu'ils y étaient protégés, non-seulement par l'horreur qu'inspirait le sacrilége, mais encore par la force du bâtiment. C'est ainsi que les subsides généraux recueillis par les athéniens, à la fin des guerres avec la Perse, étaient gardés dans le Parthenon ; les richesses que Philomelus pilla dans le temple de Delphes, et qui occasionnèrent la seconde guerre sacrée, étaient immenses. D'après ces motifs, les principaux temples étaient souvent placés dans de véritables forteresses. Le temple de Minerve à Syracuse était dans l'Ortygie ; le Parthenon d'Athènes, dans l'Acropolis ; le temple de Jupiter à Rome, dans le Capitole ; et l'éditeur de ce voyage a vu en Sicile les circonvallations qui entouraient les temples de Sélinunto, et la situation presqu'imprenable de ceux d'Agrigente et de Segeste.

Les fondemens d'ancienne circonvallation, qui se voient à Syoùah, peuvent donc être regardés jusqu'à un certain point comme des indices de l'origine et de la destination du bâtiment renfermé dans l'enceinte.

Le temple d'Hammon était certainement entouré d'une forte muraille. *Triplici muro circumdatum*, ainsi que nous l'apprennent Diodore de Sicile (1) et Quinte-Curce ; ceder-

---

(1) *Bibliotheca historica*, lib. 17, cap. 5, t. 1, p. 188, *ex edit.* Wesseling. *Quint. Curt de rebus*

nier emploie le mot *munitio*, et l'Ακρόπολις ou *arx* de Diodore, répond dans sa description à la montagne même de Syoùah. Or, puisqu'on représente le temple d'Hammon comme érigé dans la troisième ou dernière enceinte du mur, sa distance de la citadelle correspond assez avec celle qui se trouve entre les ruines dont il s'agit, et la ville de Syoùah.

Hornemann nous apprend encore que l'ancien bâtiment qu'il décrit était au centre de l'aire, et situé en partie sur un rocher. Il observe en même-tems qu'on avait creusé et fouillé le sol dans toute l'étendue de l'aire pour y chercher des trésors; d'où l'on peut inférer qu'il y avait anciennement d'autres bâtimens dans l'enceinte. Il est presqu'inutile de citer d'anciens témoignages à l'appui de cette conjecture. Il suffit de regarder les dessins des ruines bien connues de la Grèce, de la

---

gestis Alexandri, lib. 4, cap. 7, p. 214, *ex editione* Snakenburg.

Nota. Cette citation de Diodore de Sicile est inexacte. Cet auteur dit positivement que le temple était dans la seconde des trois enceintes de murs qui environnaient la citadelle. Ἀκρόπολις (L-s.)

Sicile et de la grande Grèce, pour se convaincre que les anciens tiraient parti d'une seule et même circonvallation, et qu'ils érigeaient plusieurs temples dans l'enceinte générale. Ainsi, on voit dans les *Achaïques* de Pausanias, c. 201, p. 573, que les temples de Laphria, de Minerve et de Diane (1), sont dans la même clôture de murailles, sans compter les nombreux exemples de cet usage, consignés dans ce curieux itinéraire ; et sans parler des trois temples qui subsistent encore à Pœstum, dans l'enceinte d'un seul et même mur. Pour revenir au sujet qui nous occupe plus directement, les temples hammoniens de Junon et de Mercure étaient en grand renom parmi les grecs, comme on le voit dans les *Eliaques*, p. 416, éd. de Kuhn; et ils étaient probablement dans la même enceinte que celui d'Hammon. On peut supposer que celui

---

(1) Le passage de Pausanias, indiqué par M. Young, Eliaq. cap. 15, p. 416, ne dit pas que les temples de la Junon hammonienne, et du Mercure (*ou plutôt* Hermès) parammonien (car c'est ainsi que, selon Pausanias en ce passage, le Mercure ou l'Hermès libyen était surnommé), fussent effectivement dans la même enceinte que le temple de Jupiter Hammon. (L-s.)

d'Hammon étant le principal, était construit dans le centre et sur le rocher, et que cette base solide a contribué à sa conservation, tandis que les fondemens des autres, plus aisément creusés, ont occasionné leur destruction totale. De-là vient que les matériaux même ont été enlevés, et qu'il ne subsiste d'autres vestiges que le bouleversement de la terre, opéré durant le pillage et les fouilles.

4°. On a montré à M. Hornemann, à un demi-mille des ruines, une seconde source d'eau douce, qui prend naissance dans un bosquet de dattiers, et dans un site très-beau et très-romantique.

Cette description répond exactement à celle de la fontaine du Soleil, dont parlent les anciens auteurs ; et sa distance du temple principal semble offrir la même coïncidence. *Haud procul arce extrinsecùs alterum Hammonis fanum jacet, quod multae arbores procerae inumbrant, et fons proximus est* ὀνομαζομένη Ἡλίε Κρήνη (1). Diod. de

---

(1) Non loin de la citadelle, en dehors, se trouve un autre temple d'Hammon, que des arbres couvrent de leur ombrage. Dans le voisinage coule une fontaine que l'on appelle *la Fontaine du Soleil*. (L-s.)

Sic., t. 2, p. 199. Quinte-Curce dit également : *Est etiam aliud Hammonis nemus; in medio habet fontem : aquam Solis vocant.* l. 4, c. 7. (1)

Les simples descriptions s'accordent jusque-là. Si on peut constater un fait ultérieur, il sera décisif ; et le beau lieu que notre voyageur a visité, sera reconnu pour être la fontaine du Soleil, située *extrinsecùs*, ou hors de l'enceinte où se voyait le principal temple d'Hammon.

L'eau de la fontaine du Soleil était alternativement chaude et froide à différentes périodes du jour et de la nuit. *Aquam enim habet, cum horis diei miris subindè vicibus re variantem. Nam sub lucis ortum tepidam emittit. Die hinc progrediente pro horarum succedentium ratione, frigescit. Sub aestum verò meridianum frigedo ejus summa est. Quae rursus parili modo remittit usque ad vesperam, tunc apparente nocte rursùs incalescit, ad mediam usque noctem, ubi exaestuat. Exindè calor sen-*

---

(1) Il y a encore un autre bois d'Hammon, au milieu duquel se voit une fontaine qu'on nomme l'*Eau du Soleil*. (L-s.)

sim deficit; donec unâ cum exortâ luce pristinam teporis vicem recuperarit. Diod. de Sic., t. 2, édit. de Wesseling, p. 199 (1).

Il paraît que M. Hornemann n'a point fait de recherches sur ce point curieux. Il dit seulement qu'ayant demandé s'il y avait à proximité quelque source d'eau douce, on le conduisit à celle qu'il a décrite. Elle est incontestablement la plus prochaine, et probablement la même qui a été vue par M. Browne. « Les naturels, dit-il (2), obser-
« vent qu'une des sources qui jaillissent près

---

(1) Dans la citation faite par M. Young, le passage de Diodore de Sicile est tronqué; il y manque une particularité qui n'est pas sans importance. L'auteur grec ajoute que, si la source dont il parle porte le nom de *Fontaine du Soleil*, c'est à cause des accidens physiques qu'elle éprouve : Διὰ τὸ συμβεβηκὸς ὀνομαζομένη Ἡλίου κρήνη. De là, il passe à la description de ces accidens, et il les décrit dans des termes que la version latine, rapportée par M. Young, rend assez fidèlement.

Αὕτη δὲ τὸ ὕδωρ ἔχει συμμεταβαλλόμενον ἀεὶ ταῖς ἡμεριναῖς ὥραις παραδόξως. Ἅμ᾽ ἡμέρᾳ γὰρ ἐξίησι τὴν πηγὴν χλιαρὸν, προϊούσης δὲ τῆς ἡμέρας τῇ προσθέσει τῶν ὡρῶν ἀνάλογον καταψύχεται, τῇ μεσημβρίᾳ δὲ καύματος ἀκμάζει τῇ ψυχρότητι. Πάλιν δὲ ἀνάλογον ἀπολήγει πρὸς τὴν ἑσπέραν, καὶ τῆς νυκτὸς ἐπιλαβούσης ἀναθερμαίνεται μέχρι μέσων νυκτῶν, καὶ τὸ λοιπὸν ἀπολήγει, μέχρις ἂν ἅμα τῷ φωτὶ πρὸς τὴν ἐξ ἀρχῆς ἀποκατασταθῇ τάξιν. (L-s.)

(2) Tom. 1, p. 35.

« des ruines, est tantôt chaude et tantôt « froide. » M. Browne ne paraît pas avoir regardé l'Oasis de Syoùah comme étant celui d'Hammon. Il n'avait point de découverte à mettre en avant et à confirmer par des observations et des circonstances particulières. Il n'avait aucun intérêt à parler des variations de température de cette source, si ce n'est l'intérêt de la vérité. On peut donc, d'après son assertion, regarder comme un fait cette variation périodique du chaud au froid, et *vice versâ*; et y voir une preuve de plus, qui, de concert avec le bosquet, la source même, la distance des ruines et la beauté du site, particularités conformes aux descriptions de la fontaine du Soleil, données par les anciens auteurs, atteste que les ruines de Syoùah sont celles du temple d'Hammon.

5°. M. Hornemann (1) dit que « le bâti-
« ment est construit en pierres à chaux,
« contenant des pétrifications de coquil-
« lages et de petits animaux marins ; et que
« cette pierre se trouve dans le voisinage. »
Strabon nous dit également, p. 49, que

---

(1) *Voyez* ci-dessus, p. 46.

« l'Oasis d'Hammon était parsemée de fos-
« siles et de coquilles de mer : Κατα την
« μεσόγαιαν ὁρᾶται πολλαχῦ κόχλων καὶ ὀστρέων καὶ χηρα-
« μίδων πλῆθος, καὶ λιμνοθάλατται καθάπερ φησὶ περὶ τὸ
« ἱερὸν τῶ Ἄμμωνος. (1) » Le même auteur,
pag. 50, parlant des substances marines
éparses dans l'Oasis d'Hammon (2), cite

---

(1) M. Young ne s'exprime pas avec une exactitude scrupuleuse, en disant que, selon Strabon, « l'*Oasis* « d'Hammon était parsemée de fossiles et de coquilles « de mer. » Strabon dit bien « qu'*autour du temple* « d'Hammon, on voyait des fossiles et des coquilles de « mer ; » mais il ne dit pas que ce temple fût dans l'*Oasis*. « En bien des endroits, au milieu de la terre ferme, on « voit un grand nombre de coquilles, de conques, de fos- « siles, et même des marais-salés (*Litter.* des marais- « marins), comme, à ce qu'on prétend, autour (*ou* « aux environs) du *temple* d'Hammon, ainsi que sur « la route qui y conduit, et qui est de 3,000 stades « (283,500 toises), etc. »

.... κατὰ τὴν μεσόγαιαν ὁρᾶται. πολλαχῦ κόχλων καὶ ὀστρέων καὶ χηραμίδων πλῆθος, καὶ λιμνοθάλατται. καθάπερ φησὶ περὶ τὸ ἱερὸν τοῦ Ἄμμωνος, καὶ τὴν ἐπ' αὐτῷ ὁδὸν τρισχιλίων σταδίων ἔσαν κ. τ. λ. (L-s.)

(2) Même observation qu'au passage précédent. Dans le texte de Strabon, il n'est fait mention littéralement que du *temple*, ἱερόν, et non de l'*Oasis* d'Hammon. De plus, à proprement parler, ce n'est point l'opinion d'Eratosthènes que Strabon rapporte, c'est plutôt

Erathosthène, qui supposait que la mer avait anciennement baigné cette partie de l'intérieur de l'Afrique, observant, à l'appui de sa conjecture, que l'oracle n'aurait pu être aussi célèbre et visité aussi souvent, dès les tems les plus reculés, si sa position dans l'intérieur des terres, en avait rendu l'accès difficile. La traduction de Casaubon exprime cette idée : *Fortassis etiam Ham-*

---

celle du philosophe Straton (surnommé *le physicien* par excellence) à laquelle Eratosthènes avoit donné son suffrage. C'était Straton qui avait pensé que « peut-être
« le *temple* d'Hammon, jadis situé sur le bord de la
« mer, ne se trouvait aujourd'hui dans l'intérieur des
« terres, que depuis l'écoulement des eaux. On était
« d'autant plus fondé à le conjecturer, que vraisembla-
« blement ce devait être cette situation sur le bord de
« la mer qui, dans l'origine, avait contribué à rendre
« l'oracle d'Hammon si célèbre et si fréquenté. Si de
« tout tems il eût été aussi éloigné de la mer qu'il
« l'était alors (au siècle de Straton), naturellement il
« ne serait jamais devenu si fameux. » — Τάχα δὴ καὶ τὸ τῦ Ἄμμωνος ἱερὸν πρότερον ἐπὶ τῆς θαλάττης, ὂν ἐκρύσεως γενομένης νῦν ἐν τῇ μεσογαίᾳ κεῖσθαι· εἰκάζειν (al. εἰκάζει) τι, καὶ τὸ μαντεῖον εὐλόγως ἐπιτοσοῦτον γενέσθαι ἐπιφανές τε, καὶ γνώριμον ἐπὶ θαλάττῃ ὄν. Τόν τε ἐπιπολὺ ὕτως ἐκτοπισμὸν ἀπὸ τῆς θαλάττης, ἐκ εὐλόγων ποιεῖν τὴν νῦν ἔσαν ἐπιφάνειαν καὶ δόξαν. (L-s.).

monis templum, aliquandò in mari jacuisse, quod nunc maris effluxu sit in mediâ terrâ ac conjicere se, oraculum illud optimâ ratione tam illustre ac celebre factum, esse quod in mari esset situm, neque ejus gloriam probabile esse tantam potuisse existere, quanta nunc est, si tam longè fuisset à mari dissitum. P. 50. (1) Le poëte suit l'idée du géographe, et elle lui fournit une belle pensée qu'il met dans la bouche de Caton :

Numen . . . . . . steriles nec legit arenas
Ut caneret paucis, mersitque hoc pulvere verum. (2)

PHARS. l. 9, v. 576.

Or, à prendre le fait dans sa simplicité,

---

(1) Peut-être autrefois le temple d'Hammon était-il baigné par la mer, dont la retraite la laisse au milieu des terres. On peut conjecturer, avec de bonnes raisons, que cet oracle a dû sa célébrité à sa situation au milieu de la mer; jamais il n'aurait été si fameux qu'il l'est maintenant, s'il eût été aussi éloigné de la mer. Ce passage vient bien à l'appui des idées que j'ai consignées dans mes notes précédentes, p. 20 et 321 sur la haute antiquité de ces cantons et sur la retraite des eaux qui devaient autrefois la couvrir. (L-s.)

(2) Croyons-nous qu'à ce temple un Dieu soit limité,
  Qu'il ait dans ces sablons plongé la vérité ?

BREBŒUF.

on pourrait supposer que les pierres dont le temple d'Hammon fut bâti, contenaient des fragmens d'animaux marins et de coquillages, semblables à ceux dont Hornemann fait mention. Quant au surplus, la conjecture de Strabon, ou plutôt d'Eratosthène, est à peine admissible.

Le Hammon de Libye avait long-tems été honoré dans la Grèce, et dans toute la partie du monde alors civilisée. Il existait dans la Laconie un temple du second ordre, consacré à Hammon; et le culte de ce Dieu remontait à une époque encore plus reculée chez les aphytéens (1). Il avait un autre temple en Béotie; et Pindare y dédia une statue qui représentait Hammon. Ce grand poëte composa aussi un hymne en l'honneur de la divinité Libyenne, et il en fit passer une copie à ses prêtres d'Afrique. *Bœotica*, p. 741. L'oracle d'Hammon était depuis si long-tems l'objet d'une grande vénération; il était si habituellement consulté par les nations les plus éclairées de la Grèce, de l'Asie et de l'Egypte, que s'il eût jamais été situé au bord de la mer, cette particularité

---

(1) Pausan., éd. de Kuhn, p. 293.

n'aurait pas échappé à la tradition ou à l'histoire.

Je soumets avec déférence ces observations au lecteur, comme ajoutant des probabilités à la conjecture, suivant laquelle les ruines vues par M. Hornemann dans le voisinage de Syouah, sont véritablement les restes de l'ancien temple où Hammon rendait des oracles.

J'ai cité, chemin faisant, un passage de la Pharsale, non pour m'en faire une autorité, mais pour donner lieu à des inductions ; j'ai parlé d'une opinion attribuée au héros de ce poëme, relativement à la situation écartée du temple d'Hammon dans l'intérieur des terres. Ces motifs m'engagent à terminer mon essai par la traduction de l'admirable discours de Caton. Ses rapports avec le sujet que je traite lui donnent un intérêt particulier ; il semble porter les derniers coups à la superstition qui sanctifiait cet oracle, et l'ensevelir à jamais sous les ruines de son temple.

Lucain nous dit que lorsque Caton approchait du temple de Jupiter Hammon en Libye, Labienus le pria de consulter l'oracle, pour savoir quelle serait la destinée de César, si Rome serait esclave ou libre, en quoi consistait la vertu, etc., etc.

Rempli d'un Dieu qu'il portait en secret dans son sein, Caton lui fit cette réponse, digne de sortir des sanctuaires :

Laissons, laissons, dit-il, un secours si honteux
A ces ames qu'agite un avenir douteux.
A l'un et l'autre sort mon ame est préparée.
Rien ne l'assure mieux qu'une mort assurée ;
Et sans que de l'oracle elle entende la voix,
Elle suit du devoir la mesure et les loix.
Pour être convaincu que la vie est à plaindre,
Que c'est un long combat dont l'issue est à craindre,
Qu'un trépas glorieux vaut bien mieux que des fers,
Je ne consulte point les cieux ni les enfers.
Sans que le dieu d'Hammon éclaire ma pensée,
Je sais que la vertu ne peut être blessée ;
Que le cœur généreux trouve en soi son appui,
Que les maux du dedans ne vont pas jusqu'à lui ;
Que, dans sa fermeté, l'une ou l'autre fortune
N'a rien qui le séduit ou rien qui l'importune.
Je sais que les succès ne règlent pas l'honneur,
Que le solide éclat n'est pas dans le bonheur.
Lorsque d'un rien fécond nous passons jusqu'à l'Etre,
Le ciel met dans nos cœurs tout ce qu'il faut connaitre.
Nous trouvons Dieu par-tout ; par-tout il parle à nous ;
Nous savons ce qui fait ou détruit son courroux,
Et chacun porte en soi ce conseil salutaire,
Si le charme des sens ne le force à se taire.
Croyons-nous qu'à ce temple un Dieu soit limité,
Qu'il ait dans ces sablons plongé la vérité ?
Faut-il d'autre séjour à ce monarque auguste,
Que les cieux, que la terre et que le cœur du juste ?

C'est lui qui nous soutient, c'est lui qui nous conduit,
C'est sa main qui nous guide et son feu qui nous luit.
Tout ce que nous voyons est cet Etre suprême,
Ou du moins, c'est pour nous un crayon de lui-même.
En contemplant des cieux le pourpris azuré,
De tant d'astres mouvans le cours si mesuré,
Des êtres différens la pente continue
A chercher une pente qui leur est inconnue;
Dans l'aveugle action de ces agens divers,
Je trouve cette main qui conduit l'univers;
J'approche autant qu'il faut cet être inaccessible
Et vois presque des yeux cette essence invisible.
C'est donc assez, romains, de ces vives leçons,
Qu'il grave dans notre ame au point que nous naissons :
Si nous n'y savons pas lire nos avantures,
Percer avant le tems dans les choses futures,
Loin d'appliquer en vain nos soins à les chercher,
Ignorons sans douleur ce qu'il veut nous cacher.

PHARSALE, l. IX, trad. de Brebeuf.

APPENDICE.

Nº. II.

MÉMOIRE

Sur les Oasis, composé principalement d'après les auteurs arabes,

Par le C.en LANGLÈS.

CHAPITRE PREMIER.

DES OASIS EN GÉNÉRAL.

§. I. *Etymologie de ce mot.*

Au milieu de cet immense Océan de sables qui sépare l'Egypte de la portion occidentale de l'Afrique, sont dispersées des espèces d'îles habitées et cultivées, que nous désignons, à l'exemple des anciens, sous le le nom d'*Oasis*. Les arabes les nomment

Oùâhh (1). L'étymologie de ces deux mots, dont l'un est grec et l'autre arabe, a exercé la sagacité de plusieurs érudits.

Le célèbre Bochart (2) fait dériver « le mot Ἀυάσις (3) de l'hébreu, *tsy* (désert) et *hhoùâ* (habitation). En arabe, *hhaoùy* signifie environner, et *hhoùâ*, plusieurs maisons d'arabes disposées en rond. C'est ainsi que *urbs* vient d'*orbis*, et πόλις (ville) de πολύς (plusieurs). Ainsi, *hhoùâtsy* et Ἀύασις désignent une enceinte formée par des maisons, etc. » Quoique je ne sois pas très-dis-

―――

(1) Dont le pluriel est êl-Oùâhhât, et non pas léoùâhhât, comme le pense M. Michaëlis. *Not. ad Abulfed. Descript. Ægypt.*, not. 57, p. 33, 34; et *Bibliot. Orientalisc. und exegetisch.*, t. 4, p. 178. Le *lâm* initial que quelques copistes arabes ajoutent à ce mot, est visiblement une faute et un redoublement inutile du *lâm* de l'article arabe *âl* ou *êl* qui le précède ordinairement.

(2) *Phaleg.*, liv. 4, cap. 30, p. 283.

(3) Il y a différentes leçons de ce mot. « *Auasis*, dit Etienne de Bysance, est une ville d'Egypte, qu'on nomme aussi *Oasis*. Ἀύασις, πόλις Ἀιγύπτου. Ταύτην δὲ καὶ Ὄασιν καλοῦσιν. *Steph. Byzant. de urbib. ad vocem* ΑΥΑΣΙΣ, p. 195. Le même auteur, p. 723, *ad vocem* ΥΑΣΙΣ écrit Hyasis. C'est, dit-il, une ville de Libye qu'on appelle aussi *Oasis*. Ὕασις, πόλις Λιβύης· λέγεται, κ̛ Ὄασις.

posé à adopter l'étymologie de Bochart, elle me paraît tout aussi plausible que celle proposée par M. Josuah Reynolds Forster (1). qui croit retrouver le mot dont il s'agit dans le qobthe *el-ouehdjaïe* (habitation du désert). Mathurin Veyssière de la Croze indique une autre étymologie du même mot à l'article *Ouahçoi* (2). « ουαhσοι, ϛέγη *tectum*, *hinc* Oasis, *quasi locus in mediis arenis, arboribus tectus* (3). Au reste, cette difficulté me paraît complètement résolue par le passage positif d'un dictionnaire qobthe de la bibliothèque nationale (4), qui nous apprend que le mot égyptien ouahe, ουαhε *ouahe*, signifie *une habitation, un lieu habité*. Les grecs d'Egypte auront hellénisé et adouci ce mot en le métamorphosant en celui d'*Oasis*, Α῎υασις,

---

(1) *Epist. ad Michaël. ad calcem Geograph. Hebræor. exterœ*, p. 14.

(2) « *Ouahçoi*, toît : de là le mot Oasis, c'est-à-dire, un lieu situé au milieu des sables et couvert d'arbres. »

(3) *Lexicon ægyptiaco-latinum*, p. 67. Faute de caractères qobthes, j'écris ce mot avec des caractères grecs et romains.

(4) N°. 65 des manuscrits qobthes de la Bibliothèque nationale, renfermant un dictionnaire qobthe arabe.

et c'est un des mots étrangers, le moins défiguré par les grecs. Cette conjecture se trouve confirmée par le témoignage de Strabon, qui dit que les égyptiens nomment *Aouasis* (Oasis) des cantons habités, environnés entièrement de grands déserts et semblables à des îles de la mer. Ἀυάσεις δ' οἱ Ἀιγύπτιοι καλῦσι τὰς οἰκυμένας χώρας, περιεχομένας κύκλῳ μεγάλαις ἐρημίαις, ὡς ἂν νήσυς πελαγίας (1).

Nous n'indiquerons point ici les nombreuses corruptions (2) des mots *Oasis* et

---

(1) *Strabon. Geograph.*, lib. 17, p. 791. *ex edit.* Casaub., et t. 2, p. 1140, *ex edit.* Almeloveen. Il est assez étrange que deux savans également recommandables, aient tous deux mal interprêté ce passage de Strabon.

Le P. Hardouin, *Not.* 17 *ad Plin. Hist. natur*, t. 1, p. 254, édit. in-folio, dit que, suivant Strabon, le mot Ἀυάσεις désigne chez les égyptiens un pays désert, inculte et aride, *quæ vox, inquit, ægyptiis incultam*, etc. Schultens (*Index Geogr. in vit. Saladin ad vocem Thebais*) dit que ce même mot désigne chez les égyptiens des lieux rares et mal habités, suivant Strabon. *Qua appellatione ægyptiis signare loca rara et malè habitata....*

(2) On en trouvera une assez longue nomenclature dans le *Commentatio ad Histor. æthiopicam* de Ludolfe, p. 52. Cet ouvrage, ainsi que l'*Historia æthiopica* du même, sont remplis de l'érudition la plus rare et la plus curieuse.

êl-Oùáhh (1) qui sont eux-mêmes, comme on vient de le voir, des corruptions de l'égyptien ou qobthe *ouahe*. Quant au nom d'*Agazar*, sous lequel le *P. Hardouin*, d'après Barrius et Abraham Ortellius, à ce que je crois, nous dit que l'on désignait ces îles de terre ferme, il est aisé de voir que c'est une corruption de l'arabe *âl-djazâïr*, qu'on prononce aussi *âl-gazâïr*, pluriel d'*âl-djézyréh* (l'île).

Les grecs (2) donnaient à l'Oasis, c'est-à-dire, à la grande Oasis, le nom de μακαρων νησος (îles des Heureux), peut-être par la même raison que Lucain nomme les libyens *beati* (riches), comme l'a très-bien observé M. William Young (ci-dessus, p. 323). Cette épithète semble indiquer que l'Oasis dépendait de la Libye, comme l'Oasis d'Ham-

---

(1) Les auteurs arabes prétendent que Oùâhbât est le nom d'un fils de Haoùylah, fils de Chous, fils de Canaan, fils de Cham, fils de Noë, etc. Cette opinion ne mérite pas même d'être discutée.

(2) Hérodote, lib. 3, cap. 26, p. 102, *ex edit.* Wesselling; et t. 3, p. 23 de la traduction du cit. Larcher. *Stephan. Byzant. de urbib. ad vocem.* ΑΥΑΣΙΣ p. 195.

mon dépendait de l'Egypte. Hérodore (1), auteur d'une Histoire d'Orphée, les nomme *phaeacis*. Je crois que Hérodote et Hérodore ne veulent désigner que la grande Oasis, dont la capitale se nommait *Ibis* (2).

§. II. *Nombre et position des Oasis.*

Il s'en faut de beaucoup que les auteurs anciens et modernes soient d'accord sur le nombre des Oasis ; cependant ni les uns ni les autres ne les ont jamais portées au-delà de trois.

Hérodote paraît n'en avoir connu qu'une, qu'il décrit (3) sous le nom d'*Oasis*, comme

---

(1) *Ab Olympiodoro citatus apud Photii bibliothecam*, col. 191, *ex edit.* 1611. *Voyez* sur Olympiodore ci-dessous, la note de la page suivante.

(2) *Voyez* ci-après l'article de la grande Oasis dans le chapitre des Oasis intérieures.

(3) Selon cet historien, lib. 3, cap. 26, p. 201 de l'édit. Wesselling ; et t. 3, p. 23, de la traduction du citoyen Larcher, « les troupes envoyées par Cambyse pour piller le temple d'Hammon, partirent de Thèbes avec des guides, et parvinrent jusqu'à la ville d'Oasis, habitée par des samiens, qui passent pour être de la tribu æschrionienne. » (.. εἰς Ὄασιν πόλιν, τὴν ἔχουσι μὲν

lui étant particulier. C'est celle que nous appelons la grande Oasis. Cet historien ne donne pas ce nom aux autres cantons isolés du désert, quoiqu'il décrive le pays d'Hammon, Aùdjélah, les Garamantes, etc. Je dirai même que la manière dont il raconte la ridicule et malheureuse expédition de Cambyse dans le désert, prouve qu'il établit une différence bien prononcée entre l'Oasis et le pays d'Hammon.

Olympiodore (1), qui écrivait à Thèbes

Σάμιοι τῆς Αἰσχριωνίης φυλῆς λεγόμενοι εἶναι.) De là elle partit pour le pays d'Hammon, où elle n'arriva pas; car elle périt vers la moitié du chemin. Il s'éleva pendant qu'elle prenait son repas, un vent impétueux du sud qui l'ensevelit sous une montagne de sables. Il est aisé de s'apercevoir par le récit d'Hérodote, que Cambyse fut la dupe des égyptiens qui, voulant sauver ce temple très-révéré parmi eux, l'induisirent en erreur sur la route que son armée devait suivre pour y parvenir. La route la plus sûre, en partant de Thèbes, était de descendre le Nil jusqu'à Memphis, qui n'était qu'à 15 journées de l'Oasis d'Hammon, puisque le Caire n'est qu'à 16 journées de Syoùah.

(1) *Apud Photii Biblioth.* cod. 80, col. 191, éd. 1611. Cet écrivain, natif de Thèbes en Egypte, avait composé une histoire, ou plutôt un commentaire historique, à commencer depuis le 7e. consulat d'Honorius

deux siècles et demi après Ptolémée, compte trois Oasis, et ce sentiment paraît avoir été adopté antérieurement par Strabon. Pline et Ptolémée ne font mention que de deux Oasis.

Pline connaissait (1) cependant l'Oasis d'Hammon; et il en a indiqué la position dans son livre 5, chapitres 5 et 6; mais, comme plusieurs écrivains, il ne donne le nom d'Oasis qu'à celles qui dépendaient de l'Egypte.

Ptolémée (2), comme le précédent, ne connaissait que deux Oasis, la grande et la petite. Il place la première sous le parallèle d'Abydos, vers le 26°. deg. 55 min. de lati-

---

et le second de Théodose, jusqu'au moment où Valentinien, fils de de Constance et Placidie, fut proclamé empereur. Nous ne connaissons son ouvrage que par les fragmens conservés par Photius dans sa bibliothèque. Quoiqu'il ait raconté, de l'aveu même de Photius, beaucoup de choses incroyables (πολλὰ παραδοξολογῖι) touchant l'Oasis, ce savant en a tiré quelques détails assez curieux que nous rapporterons ci-après à l'article de la grande Oasis, chapitre des Oasis intérieures, p. 358 et suiv..

(1) *Histor. natur.*, lib. 5, cap. 5 et 6, t. 1, p. 201, *ex edit. Harduini*, t. 2, p. 301, *ex edit. Franzii*.

(2) *Geograph.*, lib. 4, p. 104 et 105, *ex edit. Amstelodami*, 1605.

tude; l'autre vers le 28ᵉ. deg. 45 min., non loin du lac Mœris et au sud du parallèle de ce lac. En effet, on reconnaît assez bien ici la position de la première et de la seconde Oasis de Strabon. Quant aux latitudes indiquées par Ptolémée, il y a tout lieu de croire qu'il s'agit de quelque endroit remarquable dans chacune de ces Oasis.

Voici la position des trois Oasis de Strabon, indiquée par lui-même (1) :

« La première se trouve en face d'Abydos, à 7 journées de distance : elle abonde en eau, en raisin et autres productions, et est très-bien peuplée ;

« La seconde auprès du lac Mœris ;

« La troisième auprès de l'oracle d'Hammon, » ou plutôt cet oracle s'y trouvait. Ce géographe assure que ces trois Oasis dépendaient de l'Egypte ; et cela pouvait bien être ainsi de son tems, lorsqu'Hammon était enclavé dans une province d'Egypte soumise aux romains. En outre, il avoue ingénuement son ignorance sur tout ce qui se trouve

---

(1) Lib. 17, p. 813 de l'édition de Casaubon, t. 2, p. 1168 de l'édition d'Almeloveen.

au-delà d'Hammon et sur les Oasis de la Libye.

Le mot *êl-oùáhhát*, pluriel d'*êl-oùáhh*, employé par les auteurs arabes, semble leur servir à désigner tout le désert qui contient les *Oùáhh*, ou Oasis dépendantes de l'E-gypte.

L'Edrycy (1) nous dit qu'elles sont situées « dans le voisinage et à l'ouest d'Eçoùan (il entend sans doute le canton dépendant de cette ville), et qu'elles s'étendent en descendant le long des limites de l'Egypte. « Elles ne renferment maintenant, dit-il, « aucun habitant, quoiqu'elles fussent au-« trefois bien cultivées. On y trouve encore « de l'eau qui fertilise la terre, ainsi que « des arbres et des édifices ruinés. Au-delà « de ce canton, jusqu'à ceux de Kavâr et « de Koùkoù, on ne cesse de rencontrer « des plantations de palmier et des ruines de « bâtimens encore subsistantes. » Il ajoute ailleurs : « Dans cette section 4ᵉ. du second « climat, se trouve le reste du canton des « Oasis, qui s'étend vers le midi jusqu'au

---

(1) Pag. 18 et 19 de la version latine, p. 489 du commentaire de Hartmann, 2ᵉ. édit.

« pays des tâdjoüytes. Entre les Oasis et les
« confins de la Nubie, on compte trois jour-
« nées et autant sans eau des Oasis jusqu'à
« Djofâr. L'Oasis n'est pas éloignée de l'em-
« bouchure du canal Menhy (Mœris). »
L'Edrycy parle ici de la grande Oasis.

Selon Aboùlfédâ (1), « les *él-oùâhhât*
« sont au sud-est de Santaryah (aujourd'hui
« Syoùah, la troisième Oasis) et séparées
« du Maghreb (l'Afrique occidentale) par
« le canton d'Aùdjélah, qui est une île dans
« ces sables, et contient des habitations
« placées sur les montagnes.

« (2) La limite occidentale commune à
« l'Egypte et au Maghreb, est une ligne tirée
« depuis une certaine montagne située sur
« la côte (et pourrait être le petit Cata-
« bathmus), jusqu'au canton des Oasis, et
« de là jusqu'aux confins de la Nubie. »

Ailleurs, le même géographe nous dit

---

(1) Taqoùym âl-boldân (Disposition des contrées) article du Maghreb (ou Afrique occidentale), pag. 9 de l'édition arabe publiée par M. Eichhorn en 1791.

(2) *Descriptio Ægypti edidit et notis illustravit,* David Michaëlis, p. 2 et 5 du texte arabe, 2 4 et 5 de la traduction latine.

que « les Oasis sont composées de can-
« tons semblables à des îles, lesquels sont
« environnés par le désert, à trois journées
« du Ssa'ïd (la haute Egypte). » Il les divise,
d'après Yâqoùty, en trois districts, « situés
« à l'ouest du Ssa'ïd et de la montagne qui
« s'étend dans une direction parallèle au
« Nil. »

Mais joignons ici, pour plus de certitude,
la traduction littérale du texte même d'Yâqoùty (1).

« Les *oùâhhât* (ou Oasis), dit-il, sont
« trois cantons situés à l'occident de l'E-
« gypte et du Ssa'ïd. Deux montagnes bor-
« dent le Ssa'ïd au couchant et au levant.
« Ces deux montagnes environnent aussi
« le Nil comme des aîles, jusqu'à ce que la
« montagne orientale atteigne le Moqatham
« et s'y termine. Au-delà on ne trouve que le
« désert des arabes et la mer de Qolzoum.
« L'autre montagne s'étend jusqu'à la mer.
« Au-delà de cette montagne occidentale,
« est située la première Oasis, en face du

---

(1) Dans le savant commentaire de M. Hartmann
sur la partie de l'Afrique du géographe Nubien, intitulée *Edrisii Africa*, etc. p. 494 et 495 de la 2e. édit.

« Faïoùm. Elle se prolonge jusqu'à Eçoùân.
« C'est un canton peuplé et cultivé, rempli
« de plantations de palmiers, et de belles
« vignes dont les fruits l'emportent sur ceux
« de l'Egypte. Cette Oasis a une montagne
« qui s'étend aussi loin qu'elle, et même
« jusqu'au-delà d'un autre canton nommé
« *la seconde Oasis*. Celle-ci est moins cul-
« tivée et moins peuplée que la précédente.
« Derrière elle, se trouve une montagne
« semblable à l'autre. »

« Au-delà de cette Oasis, est située la troi-
« sième (qu'on nomme *Santaryah*.) On y
« trouve beaucoup de palmiers, de l'eau en
« abondance, mais acide, qui cependant
« sert à abreuver les habitans de ce canton.
« S'ils en boivent d'autre, elle leur fait mal.

« Entre cette troisième Oasis et le pays de
« Nubie, on compte six stations. Cette Oasis
« est habitée par des tribus de berbers, de
« léoùâtah et autres. »

La très-courte notice donnée par Ebn âl-
Oùardy n'ajoute rien aux notions que nous
avons tirées des écrivains précédemment
cités, et sur-tout d'âl-Maqryzy, dont nous
allons traduire différens fragmens. Nous devons pourtant observer qu'il dit que les Oasis

font partie de la troisième partie du Maghreb, nommée *Soùs âl-âdna* (Soùs) la plus voisine. Un autre écrivain arabe, au contraire, nommé *Chems éd-dyn*, place les Oasis parmi les départemens de l'Egypte.

Léon l'Africain (1), qui, comme on sait, a écrit originairement son ouvrage en arabe, dit que « les Oasis (2) sont un pays situé dans le désert de Libye, à 120 milles de l'Egypte. Il y a trois forts, beaucoup de maisons et de champs très-fertiles et abondans en dattiers. Les habitans sont presque noirs ; ils sont avares au suprême degré et cependant très-riches, parce qu'ils se trouvent juste entre l'Egypte et Gaoga. Quoiqu'ils aient un chef particulier, semblable à un roi, ils n'en paient pas moins tribut aux arabes voisins. »

---

(1) *Descrittione dell' Africa*, t. 1, p. 83 de la collection des Voyages de Ramuzio.

(2) Léon écrit al-gnechet; mot qui ne diffère pas d'éloûâhhât autant qu'on le croirait. Il faut observer que les africains donnent à l'âlyf surmonté d'un fatahh (â), le son de l'*é*; et voilà pourquoi Léon a substitué deux *é* aux deux *a* du mot dont il s'agit. Quant au *gu* substitué à l'*ou*, c'est un changement de lettres fréquent dans toutes les langues : c'est ainsi que le *wall* des anglais devient *galle* en français.

§. III. *Division des Oasis, suivant les auteurs arabes.*

Les principaux géographes et historiens arabes (1) s'accordent à distribuer les Oasis en deux grandes divisions.

Dans la première, qu'ils nomment *Oasis intérieures* (2), ils comprennent la grande et la petite Oasis des grecs, des latins et des voyageurs modernes, lesquelles s'étendent en longueur depuis le parallèle de Thèbes jusqu'à celui de Béhnécé sur le Nil, c'est-à-dire, environ du 26 au 28e. deg. de latitude.

Les deux groupes d'*îles* qui composent les deux Oasis, sont séparés par un désert d'environ 40 milles de longueur.

L'Oasis d'Hammon, nommée autrefois en arabe *Santaryah* et maintenant Syoùah,

---

(1) Al-Maqryzy, *Description topograph. histor. de l'Egypte.* — Al-Soyoùthy, *Description de l'Egypte et du Caire.* — Ebn Ayâs, *Cosmographie*, etc. J'ai donné des notices biographiques et bibliographiques fort étendues sur ces auteurs et sur leurs ouvrages, dans mes notes et éclaircissemens sur le *Voyage de Norden*, t. 3, édit. in-4°.

(2) El-Oùâhhât él dâkhélât.

située presque sous le même parallèle que la petite Oasis, un peu au-dessus de celui de Béhnécê, constitue la seconde division, ou les *Oasis extérieures* (1).

Nous devons observer, d'après le célèbre et savant orientaliste Albert Schultens (2), que « dans la carte de l'empire ottoman, « dressée à Constantinople par Fagelius, « laquelle offre le cours du Nil, on aper- « çoit deux Oasis à l'ouest de la montagne « qui borde le Nil du côté du couchant. Ces « deux Oasis s'étendent vers le sud au-dessus « du lac Mœris, dans une espèce de mer de « sable. La première, plus voisine du lac « même, est désignée sous le nom d'*Oasis* « *intérieure* (3), ou située dans le milieu; « l'autre sous celui d'*Oasis méridionale* (4); « la troisième, ou l'*Oasis éloignée* (5),

---

(1) El-Oùâhhât êl-khârédjât.

(2) *Index Geographicus in vitam Saladini ad vocem Thebais.*

(3) El-Oùâhh êl-dâkhéléh.

(4) El-Oùâhh êl-qeblyéh : on la nomme aussi quelquefois êl-Oùâhh êl-gharbyéh, Oasis occidentale.

(5) El-Oùâhh êl-qossoùy.

« comme elle est nommée sur cette même
« carte, est en effet très-reculée vers l'ouest;
« et elle occupe le même emplacement que
« les anciens assignaient à l'oracle d'Ham-
« mon. *La Fontaine du Soleil* (1) se trouve
« placée au milieu de cette espèce d'île. »

Quoique l'on n'ait pas adopté sur cette carte les dénominations employées par les auteurs arabes que j'ai consultés, la description qu'en donne Schultens me semble confirmer pleinement ce que j'ai avancé au commencement de ce paragraphe. Ce que nos auteurs appellent les *Oasis intérieures* (2), forme sur cette carte deux subdivisions, lesquelles correspondent à la grande et à la petite Oasis; et leurs *Oasis extérieures* (3) sont bien évidemment les mêmes que l'*Oasis éloignée* (4) de la carte dont il s'agit.

---

(1) Aïn Chems.
(2) El-Oûâhbât êl-dâkhélât.
(3) El-Oûâhbât êl-khârédjât.
(4) El-Oûâhh êl-qossoùy.

CHAPITRE II.

Des Oasis intérieures, renfermant la grande Oasis.

§. I. *De la grande Oasis.*

La grande Oasis est la mieux connue des égyptiens et des arabes, qui la nomment généralement *él-Oùâhh*, c'est-à-dire, l'Oasis par excellence. La plupart des positions qu'ils indiquent pour les Oasis en général, sont relatives à celle-ci. Comme nous avons rapporté ces positions dans le chapitre précédent, nous y renvoyons le lecteur, pour nous occuper dans celui-ci de recherches capables de nous donner un résultat plus positif. Nous prendrons sur-tout pour guide dans nos recherches, l'inappréciable ouvrage de M. le major Rennell, sur la géographie d'Hérodote (1).

---

(1) Section 20, p. 545-605 du *Geograph. System. of Herodotus*, etc., dont j'ai donné le titre en entier ci-dessus dans ma note de la page 311.

La marche des kâravânes d'Egypte en Abyssinie, a fixé la position de cette Oasis dans la géographie moderne. Les kâravânes quittent les bors du Nil dans le voisinage de Syoùth, ou dans celui de Manfaloùth, dans la haute Egypte, à 75 ou 80 milles géographiques nord de l'ancienne Abydos, ville à laquelle correspond à-peu-près le centre de la grande Oasis. Manfaloùth est, selon Maillet (1), le point du Nil le plus voisin d'*êl-Oùâhh*; or du point de départ de la kâravâne, c'est-à-dire, du Caire jusqu'à êl-Oùâhh, il compte 13 journées. On compte sur la carte d'Egypte de d'Anville, environ 220 milles entre le Caire et la partie nord-est d'*êl-Oùâhh*; ce qui donne 17 milles par jour. Ce compte s'accorde très-bien avec l'assertion de Maillet. Il paraît que la même partie d'*êl-Oùâhh* est à 80 milles de Man-

---

(1) *Description de l'Egypte*, t. 2, p. 363 de l'édit. in-12. *Voyez* aussi sur cet endroit remarquable une excellente compilation sur l'Egypte en allemand, intitulée *Erdbeschreibung und Geschichte von Africa; das paschalik Ægypten* (Géographie et Histoire de l'Afrique, pâchâliq d'Egypte), par M. Hartmann, auteur du Commentaire sur la partie de l'Afrique, de d'Edrycy, ouvrage souvent cité dans le cours de celui-ci.

falouth. La kâravâne de Poncet (1) mit cinq jours à faire cette route, ce qui donne 16 milles par journée.

Il paraît que les kâravânes de la Nubie et du Dârfour font près de 100 milles anglais à travers la grande Oasis, dans une direction sud, un peu inclinée vers l'ouest, de manière à toucher presque le sud du parallèle de Thèbes. Mais comme il se trouve encore à un degré et demi de celui d'Eçoùân (Syéné), nous en concluons qu'Yâqoùty (2) a tort de prolonger aussi loin la première Oasis. Notre critique s'étend jusque sur l'Edrycy (3), qui la place à l'ouest d'Eçoùân, à moins que tous deux ne prétendent parler que du territoire de l'Oasis. Au reste, nous ne pouvons guère donner à cette Oasis une étendue beaucoup plus considérable que celle que parcourent les kâravânes, c'est-à-dire, environ 100 milles; car il y a tout

―――――――――――――――――――

(1) *Relation abrégée du Voyage* que M. *Charles Poncet, médecin français, fit en Ethiopie,* en 1698, 99 et 1700, t. 3, p. 260 et suiv. des *Lettres Edifiantes,* nouvelle édition.

(2) *Voyez* le chapitre précédent, p. 352.

(3) *Idem*, p. 350.

lieu de croire que les voyageurs profitent autant qu'ils le peuvent, de tous les avantages que leur offre ce canton, situé sur la direction même de leur route.

Strabon (1) place sa première Oasis en face et à 7 journées d'Abydos. C'est évidemment la même qu'*êl-Oùáhh*; mais la distance indiquée par Strabon, est un peu trop considérable. On ne compte que 95 milles géographiques entre Abydos et le point le plus voisin d'*êl-Oùáhh*. Ptolémée (2) a donc raison de ne compter que 96 milles.

Hérodote (3), qui ne connaissait que la grande Oasis, la place à 7 journées de Thèbes, à travers les sables. La distance entre l'extrémité du territoire de Thèbes et l'Oasis, peut être évaluée à 140 milles géographiques ; ce qui donne 20 milles par jour, suivant le compte du père de l'histoire. Ces journées sont plus fortes qu'on ne les calcule ordinairement. Cependant celles

---

(1) *Geograph.*, lib. 17, cap. 1, p. 813 de l'édit. de Casaubon; et t. 2, p. 1168 de celle d'Almeloveen.

(2) *Geographia*, p. 405 de l'édition de 1605.

(3) Lib. 3, cap. 26, p. 201, *ex edit.* Wesselling; et t. 3, p. 23 de la traduction de Larcher.

que l'on fait pour se rendre d'Alexandrie à Syoùah, sont de plus de 20 milles.

« La grande Oasis, dit M. Rennell (1), paraît être formée d'un certain nombre de sites fertiles et isolés, ou espèces d'îles qui s'étendent dans une ligne parallèle au Nil et aux montagnes qui bordent la vallée de la haute Egypte. Ces îles de terre ferme sont séparées les unes des autres par des déserts de deux à quatorze heures de chemin ; de manière que toute l'étendue de cette Oasis pourrait bien être de 100 milles anglais, dont la plus grande partie est un désert. M. Poncet, qui la visita en allant dans l'Abyssinie, en 1698, en donne une description qui s'accorde assez bien avec celle qui se trouve dans les géographes arabes et dans les écrits des anciens. « On y voit, dit-il, beaucoup de jardins arrosés par des ruisseaux, et des forêts de palmiers qui conservent une verdure perpétuelle (2). »

« Toute cette Oasis a toujours dépendu

---

(1) *Geographic. System. of Herodotus*, p. 548.

(2) *Geographic. Syst. of Herodotus*, p. 549. J'ai vainement parcouru la relation de M. Poncet dans les *Lettres Édifiantes*, je n'y ai point trouvé la citation de M. Rennell.

de l'Egypte et en dépend encore aujourd'hui.

« Elle sert, aussi bien que celle de Syoùah, de lieu de rafraîchissement pour les kâravânes. La première se trouve sur la route d'Egypte en Abyssinie et au Dârfoùr; l'autre sur celle de l'Egypte au Fezzân et à l'Afrique occidentale; celle-ci est la plus fréquentée, parce que le commerce de l'ouest est bien plus actif que celui du sud; en outre, la majeure partie de ces kâravânes est composée de pélerins de la Mekke. Ajoutons que la grande Oasis, située seulement à 5 journées de l'Egypte, s'en trouve trop voisine pour être d'une grande utilité aux voyageurs; tandis que Syoùah, qui en est éloignée de 15 journées et même davantage, semble être pour les kâravânes ce qu'est l'île de Sainte-Hélène pour les vaisseaux anglais qui vont dans l'Inde.

Après avoir déterminé avec le plus de précision qu'il nous est possible, la position de la grande Oasis, nous allons rapporter tous les renseignemens historiques et même fabuleux que nous avons recueillis.

Les écrivains arabes, qui ont particulièrement fixé notre attention, ne racontent en général sur l'histoire des Oasis, que des fables en faveur desquelles nous réclamons, non pas la confiance du lecteur, mais sa patience. Il n'est peut-être pas inutile d'observer aussi que la plupart des fables historiques des arabes reposent sur des faits bien certains. C'est à la sagacité du lecteur à démêler la vérité. Celles que l'on va lire, par exemple, semblent prouver qu'à une époque fort éloignée sans doute, la grande et la petite Oasis étaient très-peuplées, très-florissantes et renfermaient de vastes édifices. Les ruines qui existent encore ne rendent pas ces faits incroyables.

Au reste, voici la traduction littérale de l'article des Oasis intérieures, tirée de l'ouvrage d'ál-Maqryzy (1).

« Oùessyf-châh dit que Qofthym bâtit les deux villes des Oasis intérieures (2). On y fit des constructions merveilleuses, parmi lesquelles on distinguait des eaux qui se tenaient debout comme une colonne, sans

---

(1) *Description topogr., histor., etc. de l'Égypte*, article des êl-Ouâhhât êl-dâkhélât.

(2). Il s'agit sans doute ici de la grande et de la petite Oasis, qui, comme je l'ai déjà observé ci-dessus, p. 355, sont comprises dans les Oasis intérieures.

se diviser ni se fondre, et l'étang que l'on nomme *Féles-théïr*, ou la Chasseresse aux oiseaux. Lorsqu'un oiseau passait par-dessus cet étang, il y tombait et ne pouvait en sortir, de manière qu'on le prenait à la main.

« Il construisit aussi une colonne d'airain surmontée d'une figure d'oiseau. Quand un lion, un serpent ou d'autres bêtes dangereuses s'approchaient de la ville, l'oiseau sifflait très-fort et l'animal s'enfuyait. Il posa aussi quatre idoles de bronze sur les quatre portes de cette ville. Tout étranger qui s'en approchait était aussitôt absorbé par le sommeil, jusqu'à ce que les habitans vinssent lui souffler sur le visage. Alors il se levait; mais si l'on n'avait pas cette attention, ce voyageur continuait de dormir auprès de l'idole jusqu'à ce qu'il pérît.

« Il éleva une tour fort mince, couverte de figures en verre, peintes et posées sur un piédestal de bronze. Au sommet de la même tour, était une statue de différens métaux, tenant à la main une espèce d'arc tendu comme pour lancer une flèche. L'étranger qui la fixait s'arrêtait aussitôt, et ne pouvait s'en aller, à moins que quelque habitant ne vînt à son secours. Cette statue se dirigeait d'elle-même vers les quatre points cardinaux; et l'on dit qu'elle subsiste encore aujourd'hui, et que les hommes évitent d'approcher de cette ville, malgré les trésors et les nombreuses merveilles qu'elle renferme, par la terreur qu'inspire cette statue; si les yeux tombent sur ce talisman, on reste sur place jusqu'à la mort.

« Un certain roi fit quelques tentatives pour détruire cette statue; mais il ne réussit pas, et perdit beaucoup de monde. On dit que Qofthym éleva dans une des villes des Oasis intérieures, un miroir par le moyen duquel il voyait tout ce qu'on voulait lui demander. Il construisit à l'ouest du Nil et en face des Oasis intérieures, des villes qu'il orna de nombreuses merveilles. Il chargea des génies d'en défendre l'accès. Personne ne pouvait y pénétrer ni en approcher, à moins qu'il n'offrît des sacrifices à ces génies; et s'il les offrait, il approchait aisément et emportait des trésors tout ce qu'il voulait, sans éprouver d'obstacle ni de difficulté.

« Le roi Ssâ, fils d'Açâd, qu'on nomme aussi Ssâ, fils de Marqounès, fonda une ville dans les Oasis intérieures, et planta à l'entour une grande quantité de palmiers. Il faisait sa résidence à Memphis, et régnait sur tous les nomes de l'Egypte. Il y fit des constructions merveilleuses, y plaça des talismans, rétablit les grands-prêtres dans toutes leurs dignités, chassa les musiciens et les bateleurs dont Açâd, fils de Marqounès, faisait ses délices. Il plaça dans les différens cantons de l'Egypte des hommes chargés de l'instruire de ce qui se passait autour d'eux. Il construisit sur la rive occidentale du Nil des phares, au haut desquels on allumait des feux, lorsqu'il venait à leur connaissance quelque chose d'extraordinaire, ou que l'on préparait une invasion. Lorsqu'il fut roi de toute l'Egypte, il appela les savans autour de lui, et ils se mirent à consulter les astres. Ils virent que le pays serait certainement submergé par une inondation du Nil. Il vit aussi que ce pays serait ravagé par un homme qui viendrait du côté de la Syrie. C'est pourquoi il rassembla tous les ouvriers de l'Egypte et les employa à bâtir une ville dans l'Oasis éloignée (1). Il munit

---

(1) S'agit-il ici de l'Oasis d'Hammon, dont nous avons parlé ci-dessus? Je serais assez tenté de le croire. Alors cette anecdote appartiendrait au chapitre suivant.

cette ville d'une muraille haute de cinquante coudées. Il en fit le dépôt de toutes les sciences et de toutes les richesses. C'est cette même ville que rencontra Moùça, fils de Nosséir, du tems des ômmyades, quand il vint d'Afrique. Après s'être emparé de l'Egypte, (en 708 de J. C.) il projeta la conquête de l'Oasis éloignée, sur laquelle il avait des renseignemens. Il marcha pendant sept jours au milieu des sables, entre l'occident et le midi, et découvrit enfin une ville avec des murailles et des portes de fer, que l'on ne put ouvrir. Lorsque ses gens étaient montés sur ces murailles et dominaient dans la ville, ils s'y jetaient d'eux-mêmes. Voyant que c'était une entreprise impossible, il s'en alla après avoir perdu beaucoup de monde.

« Il y avait dans ce désert des lieux d'amusement pour les habitans, des villes merveilleuses et des trésors. Jusqu'à ce que les sables aient tout recouvert, il n'y a eu aucun roi en Egypte qui n'ait fait des talismans pour écarter ces sables : mais ces talismans se sont détruits par la longueur du tems ; et l'on ne peut cependant révoquer en doute le nombre des édifices, des villes, ainsi que les grands monumens qu'ils avaient élevés. Les habitans avaient une puissance qui leur était particulière ; on en voit des preuves dans des édifices, tels que les pyramides, différens monumens à Alexandrie, ce qui existe encore dans le désert de l'Orient, et les montagnes où l'on a pratiqué des excavations dans lesquelles ils ont placé leurs trésors, tels que les temples et les peintures qui existent encore dans le Ssa'īd, et où l'on voit les procédés de leurs sciences. Quand même tous les rois de la terre se réuniraient pour construire des édifices tels que les pyramides, ils n'y parviendraient pas ; de même, s'ils voulaient peindre des temples semblables à ceux du Ssa'īd, ils n'y réussiraient pas, quelque tems qu'ils y employassent.

« On raconte que des maçons qui travaillaient dans des villages de la rive gauche du Nil ayant été maltraités par l'inspecteur de leurs travaux, s'enfoncèrent dans le désert occidental avec des vivres, pour mieux faire leurs affaires et revenir ensuite. Après un jour de marche et plus, ils se reposèrent au pied d'une montagne, et trouvèrent une bande de chameaux domestiques qui sortaient d'une vallée. Un d'entr'eux les suivit et arriva à un endroit où il y avait des habitations, des arbres, des palmiers, de l'eau courante. Les habitans de ce canton se livraient à la culture, et avaient des demeures fixes. Il leur parla et fut frappé d'étonnement. Il retourna vers ses compagnons et les amena chez ce peuple, qui les interrogea, et à qui ils contèrent ce qui leur était arrivé. Ils y restèrent jusqu'à ce que leurs affaires étant rétablies, ils en partirent dans l'intention d'y revenir avec leur famille et leurs troupeaux, pour s'y établir tout-à-fait. Ils se mirent donc en route et marchèrent long-tems, mais sans parvenir à en retrouver le chemin ; et ne pouvant y revenir, ils gémirent beaucoup du bonheur qu'ils avaient perdu. D'autres personnes s'étant écartées du chemin dans la partie occidentale de l'Egypte, trouvèrent une ville bien bâtie, très-peuplée, riche en troupeaux, environnée de palmiers et autres plantations. On leur y donna l'hospitalité ; ils eurent à manger et à boire ; ils passèrent la nuit dans un moulin à eau, s'enivrèrent et s'endormirent, et ne furent réveillés que par la chaleur du soleil ; et tout-à-coup, ils se trouvèrent dans une ville abandonnée, sans un seul habitant. Frappés de terreur, ils en sortirent et marchèrent un jour entier jusqu'au soir; alors ils aperçurent une ville plus grande que la première, plus peuplée, plus riche en plantations et en nombreux troupeaux; ils lièrent conversation avec les habitans, leur racontèrent l'histoire de l'autre ville. Ceux-ci se mirent à rire et à faire semblant d'être très-surpris; ils les menèrent à un festin chez un des habitans de la ville; ils mangèrent et burent jusqu'à s'enivrer. Le lendemain, ils se réveillèrent et se trouvèrent dans une grande ville sans habitans. Les fruits des palmiers plantés à l'entour de la ville étaient tombés par terre, et on avait coupé les arbres. Ils sortirent de cette ville; ils avaient encore l'odeur des sorbets et les suites de l'ivresse. Après avoir marché une journée entière jusqu'au soir, ils rencontrèrent un gardien de moutons à qui ils demandèrent leur chemin; il le leur indiqua; ils marchèrent encore une partie du jour suivant, et arrivèrent à la ville d'Achmoûneïn, dans le Ssaïd. »

Le même auteur qui raconte cette anecdote, ajoute que « ces villes anciennes des Oasis intérieures, habitées par ces peuples, sont tombées au pouvoir des génies. Il y en a qui sont devenues invisibles, et que personne ne peut apercevoir.

« Boudssyr, fils de Qefthym, fils de Qobthe, fils de Busseïr, fils de Kham, fils de Noë, fit bâtir dans le désert occidental, pendant son règne, des tours et des lieux de plaisance, où il plaça des personnes de sa famille, qui construisirent des édifices dans ce canton, de manière que tout l'occident fut habité et cultivé. Les choses restèrent ainsi pendant un très-grand nombre d'années, jusqu'à ce que les berbers vinssent se mêler parmi eux, contractèrent des mariages avec leurs filles. Mais ensuite ils se brouillèrent; il y eut des guerres qui causèrent la ruine du pays; tout fut détruit, à l'exception des stations nommées *él-oùâhhât* (*les Oasis*). »

Olympiodore, cité ci-dessus (page 347), assure que l'on ne contracte aucune maladie dans cette Oasis. La bénignité de l'air suffit pour guérir celles qu'on y apporte. On y creuse des puits très-profonds, etc. Les arbres y sont toujours chargés de fruits. On y sème (et récolte) l'orge deux fois par an. On y fabrique des horloges, etc. Le même auteur pense que l'Oasis était autrefois une île, et cite pour preuve de son opinion, les écailles et autres dépouilles marines qui se voient sur la montagne située entre la Thébaïde et l'Oasis.

Mais c'est trop long-tems nous appesantir sur des fables qui, comme je l'ai déjà observé, semblent simplement nous prouver qu'il fut un tems où les Oasis renfermaient beaucoup plus d'habitans, d'édifices et de terrain cultivé qu'on n'y en trouve maintenant. Quant aux faits plus authentiques que nous avons pu rassembler sur cette Oasis, ils sont peu nombreux.

Nous savons que dans le cours du cinquième siècle, Nestorius, évêque de Constantinople, fut exilé à la grande Oasis, que dans le même tems, une tribu éthiopienne, nommée les *blemyens* ou les *mazices*, mit au pillage, et dont elle détruisit les habitans. Palladius et l'auteur des *Vitæ Patrum*, nous apprennent que les mazices étaient voisins de l'Oasis, et qu'ils y faisaient de fréquentes incursions (1). Elle fut aussi le

---

(1) L'une de leurs plus fameuses incursions eut lieu sous le règne de Dioclétien. Les blemyens et les noba-

siége d'un évêque ; mais le seul dont le laborieux père Lequien ait pu découvrir le nom, est un certain Patricius, primat à Arras en Lycie (1).

Dans une de leurs invasions, les mazices dont nous venons de parler, prirent et chargèrent de chaînes un nommé l'abbé Jean, recteur de l'église de Constantinople, et l'attachèrent avec Eustathe le romain et Théodore de Célicie. Jean pria les barbares de le conduire chez l'évêque, de qui il espérait obtenir de l'argent pour sa rançon et pour celle de ses compagnons d'infortune. On ne trouva chez l'évêque que huit pièces de monnaie. Alors l'abbé Léon, natif de Cappadoce, pria les barbares d'accepter les huit pièces et de le prendre en otage, afin de renvoyer les trois captifs. Son offre fut acceptée, et bientôt après, il eut la tête coupée.

Cette anecdote nous prouve que, dans le cours du 6e. siècle, il y avait un évêque et un clergé assez nombreux dans la grande

---

thes adoraient Isis, Osiris et sur-tout Priape. Ils immolaient au soleil des victimes humaines. *Procop. de bello persico*, cap. 19, p. 59, éd. du Louvre.

(1) *Oriens Christian.* t. 2, col. 603 et 604.

Oasis. En effet le culte des idoles y fut détruit par un perse arménien nommé Narsès, vers l'an 530 de l'ère vulgaire (1).

Nous savons aussi que dans le cours du septième siècle, le deuxième régiment de cavalerie arménienne et le premier des quadès étaient cantonné dans la petite Oasis, sous la direction d'un chef considérable ; le premier régiment de cavalerie abasgue, dans la grande Oasis, à Ibis, nom qui indique l'identité de cette Oasis avec celle dont parle Pline, et où fut relégué Nestorius (2).

―――――――――

(1) Ce Narsès (qu'il faut bien se garder de confondre avec le fameux eunuque Narsès, général des armées de Justinien), détruisit les temples de l'île de Philæ, en envoya les statues à Constantinople, après avoir fait emprisonner les prêtres. Voyez *Procopius, de bello Persico*, cap. 19, pag. 59 et 60 de l'édit. du Louvre.

Ces circonstances, le témoignage des écrivains arabes et les relations de deux voyageurs qui ont dernièrement parcouru les Oasis, MM. Browne et Hornemann prouvent combien Savary se trompait ; quand il se flattait de retrouver l'ancienne religion des égyptiens dans l'Oasis, où l'on a perdu jusqu'aux traces de la langue qobthe.

(2) Comme lui-même nous l'apprend dans deux de ses lettres conservées par Evagrius, lib. I, *Histor.*

Il est assez étrange que le nom de cette ancienne capitale des Oasis ait échappé à M. Rennell, qui n'en fait nulle mention dans son chapitre des Oasis.

Voici deux autres faits positifs que nous avons pu recueillir dans les auteurs arabes, relativement à l'histoire de la grande et de la petite Oasis, depuis l'établissement de l'islamisme.

« Le souverain des Oasis en ce moment, c'est-à-dire, en 332 de l'hégire (943-4 de l'ère vulgaire), dit âl-Maç'oùdy, cité par

---

Eccl. p. 112 et 113 *ex edit. Valesii.* M. Michaëlis, *Not. ad Abulfed. Descrip. Ægypt.*, pense, avec raison, que cet endroit est le même que l'*Hibe* de la *Notitia imperii romani*. Mais ce savant ne paraît pas s'être aperçu que le même endroit a été mentionné par Pline, l. 5, c. 4, sous le nom d'*Ibi civitas Oeensis*, suivant certains manuscrits, et d'*Ibis civitas Ooassensis* ou *Ocensis*, suivant d'autres ; ce qui signifie visiblement Ibis, ville de l'Oasis. Et il ne fallait pas moins que l'imagination romanesque du savant père Hardouin, pour retrouver dans les mots *Oeensis*, *Ooassensis* et *Ocensis*, celui de la colonie antonine *Oea*, l'une des trois anciennes villes qui composaient la Tripoli de Barbarie. Dalecamp a été plus heureux que le père Hardouin; il a très-bien senti qu'il fallait lire *Oasensis* (de l'Oasis). Voyez *Plinii, Hist. Natur.*, l. 5, c. 4.

âl-Maqryzy (1), est A'bdoûlmelik Ben Mérouân, de la famille des Léouâtah (2); mais il suit la secte de Mérouân. Quand il

---

t. 3, p. 286, *ex edit. Franzii.* Le déclamateur Apion, ennemi des juifs et de l'historien Joseph, était né dans la grande Oasis. *Vid. Joseph cont. Apion.* p. 470, *ex edit. Havercampi.* — Suivant Calasiris (*apud Heliodori æthiopica*, lib. 3, p. 148 et 149, *ex edit. Bourdelotii*) et suivant Olympiodore (*Photii Biblioth.* colum. 191), Homère était originaire de la partie de la Thébaïde voisine de l'Oasis, et instruit de la doctrine sacrée et mystérieuse des égyptiens. On sait que ce poëte fut accusé d'avoir publié sous son nom les poëmes d'une nommée *Phantasia*, déposés dans la bibliothèque de Memphis. Voyez mes *Notes et Eclaircissemens sur le Voyage de Norden*, t. 3, p. 235, édit. in-4°.

(1) *Description topograph., histor. de l'Egypte,* article des *Oasis extérieures.* — Quoiqu'âl-Maqryzy ait placé ces faits dans le chapitre des Oasis extérieures, une lecture attentive suffit pour se convaincre qu'ils appartiennent aux Oasis intérieures, c'est-à-dire, à la grande et à la petite Oasis.

(2) Les anciens lebetæ. Nous avons eu occasion de voir les léouâtah cités dans l'extrait d'Yâqoûty. Cette tribu habite le désert limitrophe de la grande Oasis du côté de l'occident. Il est étonnant que M. Hartmann ait avoué qu'il ne la connaissait pas. *Nec quidquam de tribu lûvata vel luata compertum habeo. Edrisii Africa*, p. 495, not. 1, 2.ᵉ édit.

monte à cheval, il est accompagné de plusieurs milliers de cavaliers choisis. Il demeure à près de six journées de l'Abyssinie, et à une égale distance des autres cantons habités dont nous venons de parler. »

Peu de tems après cette époque, « en l'an 339 de l'hégire (950-1 de l'ère vulgaire), le roi de Nubie, à la tête d'une grande armée, fondit sur les Oasis, attaqua les habitans, en tua une partie et emmena un grand nombre de captifs. »

Outre cette ville d'Ibis, dont il n'existe plus, je crois, aucun vestige, nous indiquerons encore deux autres endroits, villes ou villages, qui ont été dernièrement visités par M. Browne. L'un est Charjé ou khardjéh, situé à l'extrémité septentrionale de la grande Oasis. C'est, je crois, le même endroit dont parle d'Anville, sous le nom de *Hargué*, suivant la prononciation égyptienne nous représente cette place comme la capitale des Oasis, ou au moins de celle dont il s'agit.

L'autre endroit, situé encore plus au nord, se nomme Bolâq ou Bulak (prononcez Boulâq), suivant l'orthographe de M. Browne, qui a également visité cet endroit, fort peu considérable, comme on peut en juger par le laconisme même du voyageur. (1) C'est pour suppléer, en quelque sorte, à ce laconisme, que nous allons traduire la notice qui se trouve dans l'ouvrage d'Al-Maqryzy (2).

« Bolâq, dit-il, est la dernière place forte appartenante aux musulmans, et une île voisine des cataractes. Cette île est environnée par le Nil; elle renferme une grande ville bien peuplée, avec des plantations de très-grands palmiers. La principale mosquée renferme une chaire (pour l'îmâm). C'est là que s'arrêtent les vaisseaux de la Nubie, et les vaisseaux des musulmans venant d'Eçoùân. Entre cet endroit et le canton nommé *Qossèïr*, le premier canton de la Nubie, on compte un mille, et quatre milles entre Bolâq et Eçoùân; et d'Eçoùân jusqu'à cet endroit, les cataractes occupent le lit du fleuve, de manière que les vaisseaux ne naviguent qu'à force d'adresse et sous la con-

---

(1) *Nouveau Voyage*, etc., t. I, p. 277.

(2) *Descrip. topograph., histor. de l'Egypte*, article *Bolâq*. Ce mot dérive du qobthe Ⲡⲓⲗⲁⲕϩ, *cacumen*, ou Ⲡⲓⲗⲁϩϩ, *contentio*, nom qui convient très-bien à une frontière, et d'où paraît être dérivé le nom de l'île de Philæ.

duite des pêcheurs, qui prennent là du poisson et connaissent cette partie du fleuve. Qosséïr renferme une forteresse de dernière ligne; et il y a une porte qui conduit en Nubie. »

§. II. *De la petite Oasis.*

La petite Oasis, que les arabes nomment tantôt l'*Oasis méridionale* (1) et tantôt l'*Oasis occidentale* (2), fait partie de ce qu'ils appellent les *Oasis intérieures*. Elle est bien moins connue que la précédente, parce qu'elle ne se trouve sur la route d'aucune kâravâne.

Ptolémée, le seul parmi les anciens qui indique positivement la situation de cette Oasis, la place vers le 28e. deg. 45 min. de latitude, à 75 milles géographiques ouest d'Oxyrynchus, aujourd'hui Behnécê, sur le canal de Joseph. Mais M. Rennell (3) reproche à Ptolémée de s'être trompé sur

---

(1) *El-Oùâhh êl-qeblyéh.*
(2) *El-Oùâhh êl-gharbyéh.*
(3) *Geographic. System. of Herodotus. Voyez* ci-dessus, p. 355.

la position d'Oxyrynchus, erreur qui ne peut influer sur la position qu'il assigne à l'Oasis en général; car il est possible que le géographe grec ait eu en vue le chef-lieu de l'Oasis, conjecture qui acquiert une certaine probabilité par le témoignage d'Aboulfédâ (1), qui cite une ville nommée *Béhnécê* dans le canton d'*êl-Oûâhhât*. L'Edrycy (2) place cette même ville sur la route du Caire au Fezzân et à Marok.

Il n'est pas inutile d'observer qu'Aboulfédâ établit une distinction bien prononcée entre la *Béhnécê d'Egypte*, comme il l'appelle, laquelle est située sur le canal de Faïoùm, et une autre ville de Béhnécê dans les Oasis, sur la frontière de la Nigritie, à 171 milles ou 9 journées de Santaryah, (la troisième Oasis) à 3 journées du Ssaïd et à 7 du Caire, à 40 milles géographiques de l'extrémité septentrionale de la grande Oasis, suivant M. Browne.

C'est de cette seconde Oasis que Paul Lucas a entendu parler au Caire, comme d'un endroit peu considérable, à quelques

---

(1) *Descript. Ægypti*, p. 3, 8, 14 et 15, *ex edit.* Michaëlis.

(2) Page 43 de la traduction latine des maronites.

journées de la ville de Faïoùm. On y trouve beaucoup de palmiers qui produisent les meilleures dattes d'Egypte. Les arabes qui possèdent et cultivent ce canton, tirent leur eau des puits creusés dans le désert avec beaucoup de peine et d'industrie. Ils paient leur tribut au pâchâ du Caire, en dattes (1). C'est, suivant M. Browne, une espèce de chef-lieu d'établissement des arabes maghrebyns (ou occidentaux), qui s'étendent jusqu'au Fezzân et même à Tripoli. Ils passent de cette Oasis à l'extrémité occidentale du lac Qern, dont les bords de ce côté leur appartiennent. On y voit des ruines.

---

(1) Lucas, *troisième Voyage*, t. 2, p. 206.

CHAPITRE III.

DES OASIS EXTÉRIEURES.

§. I. *Leur identité avec l'ancienne Santaryah des arabes (aujourd'hui Syouah), et l'Oasis d'Hammon.*

Les témoignages positifs d'âl-Maqryzy et d'êbn Ayâs, me dispensent d'entrer dans de longues discussions pour établir le fait énoncé dans la première partie du titre de ce paragraphe.

« Les Oasis extérieures, dit êbn Ayâs (1), sont ce que nous connaissons maintenant sous le nom de pays de Santaryah, ainsi que la portion du pays d'Elnedjoùbyn, qui lui est contigue du côté du sud, la plus grande partie du Djofar, du Bahhréïn, en retour vers Santaryah, en côtoyant les habitations de la tribu d'Helâl, et au pied de la mon-

---

(1) Dans sa cosmographie arabe, intitulée Nechq èl-Azhâr, etc., article des *Oasis extérieures. Voyez* la Notice de cet ouvrage dans mes *Notes et éclaircissemens sur Norden*, t. 3, p. 355.

tagne connue sous le nom du mont de Goliath le Berber (1). A l'est de cette montagne est l'Egypte. »

Santaryah portait déjà le nom de Syoùah du tems d'âl-Maqryzy, c'est-à-dire dans le quinzième siècle de l'ère vulgaire, comme cet historien (2) nous l'apprend lui-même dans sa description topographique de l'Egypte, chapitre intitulé : *Description de Santaryah.*

« Santaryah est aujourd'hui un très-petit canton, dit-il ; il ne contient qu'environ six cents berbers : ce canton se nomme *Syoùah* (3), et leur langue *soùyèh*; elle approche beaucoup de la langue zyâlah, ou

---

(1) Le nom de *Djaloùth* ou *Goliath* est très-célèbre parmi les berbers, qui se croient issus des philistins dont ce géant était chef, et qui se réfugièrent dans le mont Atlas, après sa défaite et sa mort.

(2) Al-Mâqryzy est mort en l'an 845 de l'hégire (1441 de l'ère vulgaire). *Voyez* la notice que j'ai donnée de cet auteur et de sa Description de l'Egypte, dans le tome VI des *Notices et Extraits des manuscrits de la Bibliothèque nationale*, p. 320-386.

(3) Il ne faut pas confondre cet endroit avec le pays indiqué par Ludolfe sous le nom de Soua, Shewa, vel Shawa Habessynis. Ce savant ignorait la situation de ce royaume que Bruce a fixée. Voyez *Ludolfi Commentar. ad Hist. œthiopicam*, p. 87. *Bruce's Travels*, t. 3, p. 255.

zenâtah (1), » suivant quelques manuscrits. Nous donnerons de plus amples renseignemens sur cette langue, dans la section qui lui est particulièrement consacrée.

Le même auteur ajoute que les habitans sont cruellement tourmentés par la fièvre; assertion confirmée par le témoignage de M. Browne, qui dit que les étrangers sont attaqués à Syoùah de fièvres ordinaires et de fièvres malignes (2).

Quant à l'identité de Santaryah (ou Syoùah) avec l'Oasis d'Hammon, il serait difficile de rien ajouter aux preuves si bien développées par M. le major Rennell (3) et par M. Young. (4)

§. II. *Position et description de Santaryah.*

L'Edrycy (5) place Santaryah, qu'il écrit Sant-ryah, à dix journées ouest d'Aùdjélah,

---

(1) *Voyez* ci-après l'article de *la langue de Syoùah.*
(2) *Agues and malignant fevers*, p. 24 de l'édition anglaise, t. 1, p. 35 de la traduction française.
(3) Voyez le *Geographic. System. of Herodotus*, p. 576-607.
(4) *Voyez* la Dissertation de ce savant, immédiatement avant ce Mémoire.
(5) *Edrisii Africa edid. Hartmann*, p. 302, 303.

à quatre stations de Bahhreïn, à neuf stations nord de la mer Méditerranée, et à quatre journées du mont Qalméry (1). De Santaryah on peut pénétrer dans le pays de Kavâr et autres cantons du Soûdân (la Nigritie).

Ebn Ayâs s'accorde (2) parfaitement avec l'Edrycy sur la distance du mont Qalméry, et ajoute que Santaryah est à 4 journées de la Nubie dans le désert.

Aboulfédâ place la description de Santaryah dans sa table du Maghreb (ou Afrique occidentale) : «..... Positivement sous le même parallèle, latitude, dit-il (c'est-à-dire le 27e. deg. 52 minutes), et vers le 48e. deg. 50 minutes de longitude, gît la ville de Santaryah. De la mer à Santaryah, auprès d'une petite colline, on compte huit stations ; à l'est et au sud de cette même ville, sont situées les Oasis septentrionales. »

---

(1) Cette même montagne dont il a été déjà fait mention ci-après, p. 392, et qui renferme des mines de fer.

(2) Dans sa Cosmographie, intitulée *Nechq el-Azhâr*, article de Santaryah.

Suivant âl-Maqryzy (1), « on compte onze journées de Santaryah à Alexandrie, et quatorze jusqu'à Djyzah. »

Les habitans de Syoùah, que le citoyen Ripault (2) vit à Alexandrie, et qui lui four-

---

(1) Description Topographiq., Histor. de l'Egypte, article de Santaryah.

(2) Le citoyen Ripault, membre et bibliothécaire de l'Institut d'Egypte, maintenant bibliothécaire du premier consul, « était à Alexandrie auprès du général Kléber, que sa blessure y retenait, lorsqu'on amena en sa présence trois arabes que l'on croyait être des bédoüyns. A peine furent-ils entrés, que plusieurs musulmans et le citoyen Arnaud, français établi depuis long-tems en Egypte, les reconnurent pour être des habitans de Syoùah, et assurèrent qu'ils ne pouvaient avoir des intentions fâcheuses. Leurs manières simples et aisées, leur regard assuré et doux en même tems, ce en quoi il diffère des arabes voleurs, leur démarche pleine de franchise et de noblesse, leur extérieur enfin accrurent les bonnes dispositions que le rapport des musulmans avaient déjà fait naître en leur faveur dans l'esprit du général Kléber. Il s'informa du motif de leur arrestation. Arrivés à Alexandrie depuis quelques jours, ils avaient visité le camp, s'étaient introduits sous les tentes, avaient porté la main aux faisceaux d'armes et regardé dans les bouches des canons avec une curio-

nirent les matériaux d'une notice extrêmement curieuse, dont il a bien voulu me donner communication, et qui formera le sujet du paragraphe quatrième, lui dirent que l'on comptait quatorze journées d'Alexandrie à Syoùah. Pendant les dix premières, on rencontre de la verdure et des puits assez abondans, pour satisfaire aux besoins des kâravânes. L'onzième jour, on arrive à un désert aride et sans eau, où l'on aperçoit seulement quelques lièvres, des gazelles, des buffles et des autruches. Le sol de ce désert est pierreux, et parsemé à de

---

sité naïve et sur le motif de laquelle on s'était mépris.

« On les avait arrêtés comme espions des bédoùyns; leur costume, entièrement semblable à celui des arabes, justifiait assez cette erreur. Après des questions auxquelles ils répondirent avec autant de sens que de simplicité, ils durent se retirer très-satisfaits du général français. Témoin de cette scène, le citoyen Ripault y avait pris tout l'intérêt qu'elle devait inspirer. Le général Kléber l'avait chargé de recueillir les rapports de quelques habitans d'Alexandrie qui avaient fait le voyage de Syoùah. C'est d'après leur récit et plusieurs détails communiqués par le citoyen Arnaud dont on vient de parler, qu'a été tracée l'esquisse dont je donne ici une faible portion, et dont le reste forme le quatrième paragraphe de ce chapitre. *Voyez* ci-après, p. 398 et suiv.

certaines distances de monceaux de cailloux, pour indiquer la route qu'il faut suivre. Le voyageur se fait un devoir religieux d'y déposer une pierre. Le quatorzième jour, on se repose des fatigues d'une route aussi pénible, en arrivant au milieu d'un canton fertile et arrosé d'un grand nombre de canaux.

« Tout le pays des Oasis, dit Ebn Ayâs, est un désert inhabité. On y rencontre peu d'hommes, quoique l'eau y soit commune, (on y compte, suivant âl-Maqryzy, vingt fontaines qui fournissent une eau douce et agréable, et il y a beaucoup de citernes), et quoiqu'il y ait beaucoup de palmiers, d'arbres et de fruits. Il nourrissait autrefois des vaches et des moutons ; mais ces animaux n'existent plus, et c'est un désert.

« C'est dans le pays des Oasis (extérieures) qu'est située la montagne de Ghaçân, touchant laquelle on raconte tant de merveilles. Elle renferme des mines d'émeraudes, que l'on exploitait pour les transporter en Egypte. Au pied de cette même montagne, se trouve une vallée habitée par d'immenses serpens, aussi grands que des palmiers. Ils avalent les moutons, les veaux et les hommes. Il y a aussi dans cette Oasis d'autres serpens, dont la morsure est mortelle pour les chameaux. On y trouve un petit âne sauvage, rayé de noir et de blanc, d'une structure singulière; il ne peut souffrir d'être monté, et il ne vit que peu de tems quand on le conduit hors de son pays natal.

« Les habitans de ce canton fabriquent des tapis de cuir, qu'on nomme *êl-oùâhhyéh* (tapis de l'Oasis), et qui sont d'une grande beauté.

« Ils font aussi un grand commerce de dattes, de raisins secs, de figues et de jujubes; car ces fruits sont très-abondans dans leur pays. » — Les orangers n'y réussissent pas moins, si l'on en croit un fait raconté et attesté par âl-Maqryzy lui-même, dans sa description de l'Egypte, à l'article des Oasis extérieures.

« Le lieutenant d'Aboù cheykh êl-mo'éz hhâmm êd-dyn A'mroù êbu Mohhammed êbn Zenguy êl-cheherzoùry, m'a raconté avoir entendu dire dans le pays des Oasis, qu'il s'y trouve un oranger, sur lequel on cueille chaque année quatorze mille oranges mûres, sans compter celles qui tombent et celles qui ne parviennent pas à leur maturité. Je ne voulais pas croire ce qu'il me disait, jusqu'à ce que j'eusse vu par moi-même l'arbre dont il s'agit. Il est aussi grand que nos plus grands sycomores (1) d'Egypte. J'interrogeai le préposé à la tenue des livres ; il me montra un registre, sur lequel on inscrivait la quantité d'oranges récoltées. J'y lus ces mots : « Cette année, on a cueilli « sur tel oranger quatorze mille oranges « mûres, sans compter celles qu'on a lais- « sées, parce qu'elles étaient encore vertes, « et celles qui sont tombées. »

En décrivant les productions végétales de cette Oasis, nous ne devons pas oublier ces grenades dont parle Aboulfédâ (2). « Elles sont d'abord amères, deviennent ensuite très-douces et parfumées, à mesure qu'elles mûrissent ; mais elles donnent la peste aux habitans. »

« On tire aussi des Oasis de l'alun blanc, qui se trouve dans une vallée située en face

---

(1) Nommés *djouméiz* en arabe.
(2) Description du Maghreb, page 20 de l'édition arabe de cette portion de sa Géographie, publiée par M. Eichhorn, sous le titre d'*Abulfedœ Africa*. Gotingœ. 1791.

de la ville d'Edfoû. Du tems d'El-Melik êl-Kâmel Mohhammed Ben êl a'âdel aboû bekr, et de son fils êl-Ssâlehh nedjem êd-dyn Ayyoûb A'ly (1), les habitans des Oasis rendaient jusqu'à mille qanthârs d'alun blanc chaque année au Caire, et recevaient en échange de l'orge qu'ils portaient aux Oasis; mais ce commerce fut bientôt négligé et abandonné.

Ebn êl-Ouârdy (2) et Ebn Ayâs (3) confirment une grande partie de tous les détails que nous venons de raconter. Le premier ajoute que l'on trouve à Santaryah des mines de fer, et le second observe que ces mines de fer se trouvent dans le mont Qalméry, indiqué précédemment par l'Edrycy, lequel est situé à quatre journées de Santaryah.

---

(1) C'est-à-dire de l'an 1174 jusqu'en 1249 de l'ère vulgaire. Le premier des deux princes dont il s'agit fut déposé par le célèbre Sselâhh êd-Dyn, vulgairement nommé *Saladin*, et était comme lui de la dynastie Kourde qui régna sur l'Égypte et la Syrie.

(2) *Voyez* l'extrait de sa Cosmographie dans les notices des manuscrits de la Bibliothèque nationale, t. 2, p. 27 et 28. Il écrit Chantaryaht ; mais c'est certainement une faute de copiste.

(3) *Nechq êl-Azhâr*, etc., Description de Santaryah.

Cette montagne est probablement la même qui, selon Aboûl-Fédâ, environne Santaryah.

§. III. *Précis historique sur Santaryah.*

Il est sans doute inutile de prévenir le lecteur que ce paragraphe renfermera beaucoup plus de fables que de vérités; mais nous n'ignorons pas aussi qu'un pareil avertissement ne serait point déplacé au commencement de beaucoup d'histoires, dont l'apparente véracité n'est souvent qu'un surcroît d'impostures.

Malgré l'identité bien reconnue des Oasis extérieures et de Santaryah, les principaux écrivains arabes leur ont consacré deux chapitres séparés, dont nous allons donner la traduction.

(1) « Les Oasis extérieures ont été bâties par un des premiers rois Qobthes, nommé êl-Boûdsyr, fils de Qofthym, fils de Messrâïm, fils de Béysser, fils de Khâm, fils de Noë.

---

(1) Al-Maqryzy, Descript. topograph., histor. de l'Egypte, chap. des Oasis extérieures.

« Suivant Ebn Oùessyf Châh, lorsqu'êl-Boùdsyr parcourut l'Occident pour voir ce que renfermait cette contrée, il rencontra un vaste canton inondé par les eaux, couvert d'herbes, et d'où sortaient plusieurs sources. Il construisit des tours et des maisons de plaisance, pour y établir quelques-uns des gens de sa maison; ils cultivèrent donc ce pays, et y bâtirent, de manière que tout ce canton fut bientôt peuplé et fertilisé, ainsi que tout l'Occident. Les choses restèrent dans cet état jusqu'à ce que les Berbers vinssent se mêler avec eux. Bientôt ils s'unirent ensemble par les liens du mariage; mais ensuite la discorde éclata; ils se querellèrent; et par les suites de la guerre, ce pays fut dévasté et abandonné, au point qu'il ne subsista que quelques restes d'habitations, nommées aujourd'hui les *Oasis* » (*êl-oùâhh* en arabe). Cette dernière phrase me semble ajouter un nouveau degré de probabilité à ma conjecture sur l'étymologie du nom des Oasis (1).

« La ville de Santaryah, suivant Ebn Oùessyf Châh, fait partie des Oasis (exté-

___

(1) *Voyez* ci-dessus, p. 343.

rieures); elle a été bâtie par A'dym, fils de Menàqyoùs, fondateur de la ville d'Akhmym et l'un des anciens rois qobthes.

« Le même Oùessyf Châh nous apprend que ce prince imita la prudence et la sagesse de son père, ce qui le rendit cher et respectable aux égyptiens. C'est le premier qui construisit des cirques et ordonna à ses compagnons de s'y exercer. On lui doit aussi les premiers hôpitaux pour le soulagement des malades et des vieillards décrépits. Il eut soin de les fournir de remèdes; il y plaça des médecins avec un traitement convenable; il mit des économes à la tête de cet établissement; il établit pour lui-même une fête, où l'on se rassemblait dans son palais; et on la nommait la *fête du roi*. A une certaine époque de l'année, ses sujets buvaient et mangeaient pendant sept jours. Il assistait à ces fêtes dans un appartement élevé sur des colonnes dont le chapiteau était d'or, et qui étaient recouvertes d'étoffes magnifiques tissues aussi en or. Il se tenait sous un dôme revêtu dans l'intérieur de marbre, de verre et d'or.

« Ce fut sous le règne de ce prince que l'on bâtit Santaryah dans le désert de l'Oasis.

On employa pour cette construction des pierres blanches, carrées. Dans chaque muraille était une porte au milieu de laquelle aboutissait une grande rue qui se terminait à la muraille opposée. Dans chaque rue étaient des portes à droite et à gauche, lesquelles conduisaient dans l'intérieur de la ville. Au centre de cette ville, se trouvait un théâtre garni, dans tout son contour, de sept degrés, et recouvert d'un dôme de bois parfumé, porté sur de grandes colonnes de marbre. Au milieu du cirque, s'élevait une tour de marbre surmontée d'une statue de granit noir, laquelle tournait avec le soleil. Les autres parties de ce dôme étaient ornées de figures qui sifflaient, chantaient dans des langages différens. Le monarque s'asséyait sur le degré le plus élevé du cirque, ayant autour de lui ses enfans, ses parens et des fils de souverains ; sur le second gradin, on voyait les chefs des prêtres et les vézyrs ; sur le troisième, les chefs de l'armée ; sur le quatrième, les philosophes, les astrologues, les médecins, les professeurs de différentes sciences ; sur le cinquième, les architectes ; sur le sixième, les gens qui exerçaient les arts ; et sur le septième, le peuple. On disait à chaque rang des spectateurs : « Regardez ceux qui « sont au-dessous de vous, et non ceux qui « sont au-dessus. » C'était là un avis instructif.

« La femme de A'dym le perça d'un coup de poignard, et il mourut après un règne de soixante ans. »

Voici une anecdote qui a beaucoup de ressemblance avec celle que nous avons rapportée à l'article des Oasis intérieures (p. 368); je crois que c'est la même adaptée à Santaryah, chef-lieu des Oasis extérieures. Au reste, celle-ci n'est pas plus vraisemblable que l'autre.

« Lorsque Thâreq Ben Zayâd (1) se rendit en Espagne, il passa auprès de Santaryah

---

(1) « Thâreq Ben Zayâd, âl-ssadfy, conquit l'Espagne en 92 de l'hégire (710 de l'ère vulgaire; quelques-uns ajoutent le 8 de redjeb 92.) » *Bibliotheca arabico. hispana*, t. 2, p. 321, 322. Ce Thâreq Ben Zayâd, gouverneur d'Espagne pendant un an, était le lieutenant de Moûça, fils de Nosséïr, gouverneur d'Afrique. Ce fut lui qui donna son nom au rocher appelé maintenant *Gibraltar*, corruption de *Djebel Thâreq* (montagne de Thâreq). Il donna aussi à ce même rocher le nom de *Djebel âl-Fatahh* (Montagne de la Victoire), qu'il n'a point conservé.

et il aperçut une ville immense au milieu du désert des arabes. Les portes étaient de fer et obstruées en grande partie par les sables. Quelqu'effort que l'on fît pour les ouvrir, on ne put y réussir. Plusieurs personnes se déterminèrent donc à escalader les murailles. Tous ceux qui montèrent, se précipitèrent dans l'intérieur de la ville, sans que l'on en sût le motif. Thâreq perdit ainsi un grand nombre de ses compagnons, ce qui le chagrina beaucoup. Il abandonna son entreprise et passa outre. »

Il paraît que dès l'an 1150 de l'ère vulgaire (1), la religion musulmane était déjà bien établie à Santaryah et avait entièrement supplanté le christianisme, puisque l'Edrycy nous apprend que de son tems, il y avait une *chaire* (2) à Santaryah, « c'est-

---

(1) L'Edrycy termina sa Cosmographie en 548 de l'hégire (1253 de l'ère vulgaire), environ 173 ans avant Aboûlfédà. *Edrisii Africa, edidit Hartmann*, p. 67 de la 2e. édit. Cette note peut servir de supplément à celle que j'ai déja insérée ci-dessus, p. 229.

(2) *Member* : c'est la chaire qui se trouve dans les mosquées paroissiales et dans laquelle monte l'imâm, pour faire le *khothbéh*, ou prône, dans lequel il prie pour le souverain régnant, etc.

à-dire, que cette ville était le siége d'un imâm, ou prélat musulman. « Les habitans étaient alors un mélange de berbers et d'arabes citadins qui buvaient de l'eau de citerne, car les fontaines sont rares. Il y croît beaucoup de palmiers. »

§. IV. *État actuel de Syouah.*

Mon intention n'est pas de répéter ici les détails consignés dans les relations de MM. Browne et Hornemann ; mais je crois que ceux qu'on va lire y formeront un supplément intéressant : ils font partie de la note qui m'a été communiquée par le cit. Ripault (1).

« La population, divisée en deux tribus, fortes ensemble d'environ deux mille ames, habite, réunie comme une seule et même famille, dans une vaste maison qui, par sa disposition, paraît ressembler à ces *khâns* (2), si communs dans une grande partie de l'Asie. Une muraille fort élevée

---

(1) *Voyez* ci-dessus, p. 386.
(2) Ou kâravânséráy.

lui sert de rempart contre les incursions et les coups de main des arabes.

« Le gouvernement de cette peuplade est confié à douze cheykhs pris parmi les anciens des deux tribus. Chaque jour ils se réunissent, fixent le prix des comestibles et rendent publiquement la justice. Lorsque, dans une affaire les avis sont partagés, la décision est remise au plus âgé des cheykhs. Quoiqu'il se rencontre rarement des coupables à punir, la peine du talion, à laquelle se borne leur code criminel, est dans l'occasion appliquée sévèrement et avec impartialité. Les fautes contre la police sont punies par des amendes au profit des pauvres.

« Si l'égalité chimérique des biens n'existe pas chez ce peuple, la simplicité de ses mœurs patriarchales y supplée. Le pauvre entre dans le champ du riche, se rassasie de fruits et se retire sans rien emporter.

« Par leur position au milieu des déserts, les habitans de Syouah pourraient se croire à l'abri de toute entreprise militaire; cependant ils sont si jaloux de leur liberté, qu'ils ne négligent rien pour prévenir une invasion. Un syouahyen aurait été puni de mort, si, recevant une lettre d'un souverain, d'un pâchâ, d'un bey, ou même d'un simple particulier, il ne l'avait déposée sur-le-champ entre les mains des anciens. Les kâravânes du Fezzân qui, après trente jours de marche, traversent Syoùah, en conduisant au Caire des esclaves des deux sexes, celles qui s'y rendent d'Alexandrie et de la côte de A'qabéh, sont, à leur arrivée, visitées par un cheykh chargé, sous le nom de *cheykh des nouvelles*, de reconnaître s'il ne s'y trouverait pas quelque étranger suspect.

« Les syoùahyens vivent avec les différentes tribus d'arabes, dans un accord fondé sur les besoins de ces derniers, qui viennent acheter chez eux les dattes que leur pays produit en abondance.

« Pacifiques par caractère, ils sont belliqueux quand la nécessité les y contraint. Ils connaissent l'usage des armes et s'en servent avec adresse et courage, lorsqu'il s'agit de faire respecter leur nation.

« S'il est arrivé quelquefois à l'un d'eux de recevoir une insulte dans ses voyages, les représailles exercées par ses concitoyens sur toutes les tribus d'arabes indistinctement, ont dégoûté ceux-ci pour long-tems de réitérer leurs hostilités. Aussi le syoùahyen traverse-t-il avec sécurité et confiance les déserts de l'Afrique, sûr de trouver pour se nourrir et se reposer, les fruits secs et la tente hospitalière de l'arabe.

« La ville est, dans une étendue de six à huit lieues, entourée de dattiers. Le terroir y produit tous les fruits de l'Europe : la pomme, la poire, la pêche, la prune, le raisin s'y cueillent en abondance. Le bled qu'on y sème en petite quantité, y réussit assez bien. Les légumes y sont inconnus : peut-être a-t-on négligé d'en introduire la culture. Les syoùahyens savent extraire de leurs olives, remarquables par leur grosseur, une huile excellente.

« Une fontaine jaillissante suffit à leurs besoins et fournit à l'arrosement des plantations. Cet arrosement est réglé ; et chaque jour il se fait une distribution nouvelle des eaux, sous les yeux et par les ordres des cheykhs. Quelques sources d'eaux chaudes leur offrent des bains auxquels ils paraissent attacher des propriétés médicinales.

« Tous ces avantages que les syoùahyens doivent à leur gouvernement, à la nature et à leurs mœurs, ne sont pourtant pas sans mélange. Chaque année, depuis le commencement de l'été jusqu'à celui de l'automne, c'est-à-dire, dans la saison des fruits, des fièvres d'une nature très-maligne(1), et particulièrement mortelles pour les étrangers, enlèvent une portion des naturels du pays. »

§. V. *De la langue que l'on parle à Syoùah.*

C'est le savant et estimable M. Marsden (2) qui va nous fournir la première partie de ce paragraphe. J'y ajouterai quelques observations tirées du précieux travail de mon

---

(1) *Voyez* ci-dessus, p. 385.
(2) M. Marsden a débuté dans la carrière des lettres, par un ouvrage de la plus haute importance et d'une exactitude rare. C'est l'Histoire de Sumatra, dont nous avons une bonne traduction française par le cit. Parraud, en 2 vol. in-8°. Depuis son retour en Angleterre, il paraît s'être spécialement occupé de l'étude des langues, comme le prouve sa belle Pantographie, imprimée par Figgins, et son Catalogue de Grammaires et de Dictionnaires, ouvrage le plus complet dans son genre que je connaisse et auquel on ne peut reprocher que son extrême rareté. Il n'en a été tiré qu'une soixantaine d'exemplaires.

respectable collègue et ami, feu le citoyen Venture (1).

---

(1) Le citoyen Venture, ancien drogman, secrétaire-interprête du gouvernement pour les langues orientales, professeur de turk à l'école spéciale des langues orientales vivantes, et mort en Syrie pendant le siége de Saint-Jean d'Acre, était un de ces hommes qui, par un heureux assemblage, réunissent les qualités morales les plus rares aux connaissances les plus profondes. Continuellement occupé de l'objet de ses études, il employa les loisirs d'un séjour de près de deux ans dans la ville d'Alger, à étudier la langue berbère. Une grammaire de cette langue et un dictionnaire français-arabe-berber furent le résultat de ses entretiens avec un habitant du mont Atlas, qu'il salariait. Les savans regretteront sans doute qu'un si précieux ouvrage, qui a coûté à son auteur de longues fatigues et une somme d'argent assez considérable, semble condamné à un éternel oubli. Peut-être me saura-t-on gré d'en avoir extrait et traduit (il est principalement écrit en arabe) les fragmens que l'on trouvera à la suite de la *Notice* de M. Marsden. Puissent ces fragmens et l'extrait remis par le citoyen Venture au sénateur Volney et déposé par ce dernier aux manuscrits de la Bibliothèque nationale, contribuer à la publication de l'ouvrage entier ! Ce sera le plus bel hommage que j'aurai pu rendre à la mémoire du maître, du collègue, de l'ami le plus fidèle et le plus cher.

OBSERVATIONS

SUR LA LANGUE DE SYOUAH.

Par M. W. Marsden, écuyer, membre de la Société royale de Londres, etc.

A l'honorable sir Joseph Banks, baronet et président de la Société royale de Londres.

Monsieur,

Vous avez ménagé à ma curiosité une jouissance bien vive, en me faisant part du *specimen*, envoyé par M. Hornemann, de la langue qu'on parle à Syouah, autrement l'Oasis d'Hammon, dans le désert libyen. En retour, vous apprendrez avec plaisir que, malgré la perte de ses papiers, bien faite pour nous donner des regrets, et qui pourrait élever quelques doutes sur la correction d'une liste de mots subséquemment rédigée, je suis en état d'indiquer parmi les idiômes de l'Afrique, qui nous sont déjà connus, un dialecte avec lequel s'identifient les mots qu'il nous a transmis ; et d'accroître ainsi la confiance que nous inspire en général l'exactitude de ce voyageur, aussi zélé qu'entreprenant.

N'ayant aucune connaissance préliminaire du grand peuple qu'il nomme *toùâryk*, et de la langue duquel il donne à entendre que celle de Syoùah est un dialecte, j'ai d'abord fixé mon attention sur les nombreux fragmens que je possède des langues en usage chez diverses tribus de nègres, établies dans la partie septentrionale du continent de l'Afrique ; mais je n'ai pu y démêler aucune trace de ressemblance. Prenant ensuite pour objets de comparaison, l'arabe, l'hébreu, le syriaque, le chaldéen et les différentes branches de la langue éthiopienne, j'ai cru apercevoir une affinité éloignée, mais non assez frappante pour me permettre de m'y arrêter. J'ai passé à l'examen de la langue que parlent les habitans du mont Atlas, connus à Marok sous les noms de *chilahh* et de *berber*, ou *berbre* ; mais qui le sont dans leur pays, sous celui d'*Amazygh*; et ici, j'ai eu la satisfaction d'atteindre le but de mes recherches. On verra sans doute dans les exemples suivans, une preuve suffisante de l'identité des langues de ces deux pays, Syoùah et Chilahh, éloignés l'un de l'autre de toute la largeur de l'Afrique. Et j'ai à peine besoin d'inviter le lecteur impartial à ne point trop s'attacher à la différence d'orthographe, résultat inévitable des circonstances qui président à la formation de ces sortes de nomenclatures.

	Langue de Syoüah.	*Langue de Chilahh.*
Tête,	akhfé (1),	ekhf, *ou* ikhf.
Œil,	taoun,	thit, thittaouin.
Main,	fous,	efous.
Eau,	aman,	aman.
Soleil,	itfouct,	tefouht.
Vache,	ftounest,	tefounest.
Montagne,	iddrarn,	edrar.
Datte,	téna,	tini.

La plus ancienne notice que je connaisse sur la langue de Chilahh, est celle qu'a donnée Jezreel Jones, dans une épître latine publiée à la fin de l'*oraison dominicale* de Chamberlayne, édition de 1715. Voici ses expressions : *Lingua shilhensis vel tamazeght, præter planities Messae, Halihae et provinciam Darae vel Drâ, in plus viginti viget provinciis regni Sûs in Barbariâ meridionali. Diversae linguae hujus dantur dialecti in Barbariâ, quae antè arabicam, primariam Mau-*

---

(1) *Voyez* ci-dessus, p. 37 et 38; et ci-après le *vocabulaire berber*.

ritaniae, Tingitanae et Cæsariensis provinciarum linguam ibi obtinuére, et hodiernum inter atlanticorum Sús, Dara et Reephan montium incolas solum exercentur. « La « langue des chilahh ou des Tamazeght, outre « les plaines de Messa, de Haltha et la « province de Dara ou Drâ, est en usage « dans plus de vingt provinces du royaume « de Soùs dans la Barbarie méridionale. « Il existe dans la Barbarie divers dia- « lectes de cette langue, qui était, avant « l'arabe, la langue primitive des pro- « vinces de la Mauritanie, Tingitane et « Romaine, et que parlent exclusive- « ment aujourd'hui les habitans des mon- « tagnes de Soùs, de Dara et de Rifân, « partie du mont Atlas. » Ce passage est suivi d'un échantillon de cette langue, composé d'une centaine de mots. On trouve aussi dans l'excellente *Description de Marok* (1), publiée en danois, par G. Hoest, en 1779, un petit vocabulaire de la même langue; les mots y sont écrits en caractères arabes, avec une exactitude remarquable (2).

---

(1) Dont j'ai cité la traduction allemande plusieurs fois dans le cours de mes notes. (L-s.)

(2) Je me permettrai d'observer, d'après l'autorité de

J'avais fait imprimer, il y a quelques années, une longue liste de mots anglais, par ordre alphabétique; et je cherchais à la répandre, en vue de faciliter la connaissance des langues dont il n'existe point de dictionnaires. Vous eûtes la bonté d'en faire parvenir, en mon nom, un exemplaire à M. Matra, consul de S. M. à Marok, dont les travaux, pour les progrès des connaissances utiles, et sur-tout de celles qui sont l'objet de la Société africaine, méritent les plus grands éloges. Il me valut de sa part une communication très-importante, que vous voulûtes bien me transmettre.

« L'écrit que j'envoie, dit-il dans une lettre datée de 1791, qui l'accompagnait, « n'est point l'exemplaire imprimé que m'a « adressé M. Marsden, mais c'en est un « double exact. J'ai fait passer son exem- « plaire à Tomboctoù, avec les mots tra- « duits en arabe; mais il est fort à craindre « qu'il n'en revienne jamais. » Cet exem-

---

l'estimable et savant cit. Venture, à qui j'ai communiqué ce vocabulaire, que plusieurs mots sont défigurés. Il en a indiqué quelques-uns, au commencement de sa *grammaire berbère*. *Voyez* ci-après, p. 415. (L-s.)

plaire en effet n'est pas revenu ; mais la copie que j'ai reçue renferme la traduction de tous les mots dans le dialecte mauritanien de l'arabe, faite à dessein de mettre un *thalb*, ou prêtre du pays de Chilahh, en état d'écrire vis-à-vis de chaque mot, en employant les mêmes caractères, les mots de sa langue qui y répondent. Je me suis accoutumé à regarder cet écrit comme un document très-curieux, même lorsque je croyais son utilité restreinte à la côte occidentale de l'Afrique; mais il acquerra une toute autre importance, si nous découvrons, comme il y a tout lieu de le présumer, que la langue des chilahh ou des berbers s'étende à travers tout le continent d'Afrique, entre les dialectes des nègres de la partie du sud, et les dialectes maures ou arabes des côtes de la Méditerranée, et qu'elle était la langue de toute l'Afrique septentrionale, avant l'époque des conquêtes des mahométans. Indépendamment des termes arabes, qui doivent toujours accompagner les progrès de l'islamisme, je pense qu'elle a de forts indices d'affinité avec cette classe des langues de l'Orient, que les écrivains allemands ont distinguées sous le nom de *chemitiques*; et si cette opinion (contraire au surplus à celle de Hoëst) pouvait s'établir, il ne serait pas déraisonnable de supposer que c'est l'ancienne langue punique corrompue (1) par l'influence des mots que les colonies ou les armées des grecs, des romains et des goths, y ont successivement introduits; et qui, dans sa connexion avec l'arabe moderne, finit par se mêler de nouveau à une branche de sa source originaire.

Je suis monsieur,

W. M.

Spring-Garden, 1er. mai 1800.

P. S. Après avoir écrit ma lettre, j'ai consulté, dans le savant ouvrage de mon ami le major Rennell (*Examen du Système géographique d'Hérodote*), son chapitre sur l'Oasis d'Hammon; et je vois, par les

---

(1) Je puis attester ici, avec la plus parfaite sincérité, que je conçus cette même idée lorsque le citoyen Venture me montra son précieux et immense travail. Il est à-la-fois honorable et encourageant pour moi, de m'être rencontré sur ce point avec un savant aussi profond et aussi exercé que M. Marsden. (L-s.)

extraits qu'il a choisis, pag. 589, 590, que, dans la pensée d'Hérodote, les hammonites étaient composés d'égyptiens et d'éthiopiens, et leur langue formée d'un mélange de celles des uns et des autres ; ce qui peut avoir été vrai de son tems ; mais que, d'après l'assertion des géographes arabes, l'Edrycy et Ebn âl-Oùardy, Santaryah est habité par des berbers, mêlés d'arabes. Or, M. Rennell a démontré que Santaryah était l'Oasis d'Hammon, ou Syoùah.

NOTICE

SUR LA LANGUE BERBÈRE.

Comme j'ai extrait cette notice des papiers de mon respectable et savant ami et collègue, feu le citoyen Venture, c'est lui que je vais laisser parler.

« Cette langue se parle depuis les montagnes de Soûs qui bornent la mer Océane jusqu'à celles des Ollelétys qui dominent sur les plaines du Kairoân dans le royaume de Tunis. Cette langue, à quelque petite différence près, est aussi celle que l'on parle dans l'île de Girbéh, à Monâstyr et dans la plupart des bourgades répandues dans le Ssahhrâ, entr'autres dans celles de la tribu des bény-mozâb.

« Les peuples qui parlent cette langue ont divers noms; ceux des montagnes qui appartiennent à Marok, se nomment *chou-louhhs* (1); ceux qui habitent dans les plaines

---

(1) Pluriel de *chilahh*, que M. Jezreel Jones écrit *shilha*. Voyez ci-dessus, p. 407.

de cet empire sous des tentes, à la manière des arabes, se nomment *berbers*; et ceux qui sont dans les montagnes appartenant au royaume d'Alger et de Tunis, se nomment *cabaylis* ou *gebalis* (1).

« Plusieurs voyageurs ont déjà donné une idée de cette langue; mais ils ne se sont pas assez étendus pour pouvoir en juger parfaitement. Le docteur Shaw, dans ses *Voyages en Barbarie*; M. Hoëst, consul danois, dans une *Relation de Marok*, écrite en danois et traduite en allemand; et M. Chénier, dans ses *Recherches sur les Arabes* (2), ont fait quelques vocabulaires dont le plus volumineux est à peine de cent cinquante mots; et encore, faute de pouvoir bien s'entendre avec ceux qu'ils interrogeaient, ces vocabulaires sont remplis de méprises, indépendamment des sons qui ne sont pas rendus avec exactitude. Par exemple, M. Hoëst

---

(1) Je crois qu'il faut lire *qabâily* (de tribus) et *djebâly* (de montagnes ou montagnards.) (L-s.)

(2) Le citoyen Venture n'avait pas connaissance de la Dissertation de M. J. Jones, insérée à la suite de l'*Oratio dominica* de Chamberlayne, et citée dans la note de M. Marsden, ci-dessus, p. 407. (L-s.)

nomme la lune *ayour*; mais ayour n'est que le mois lunaire. La lune se nomme *tiziri*. *Azal*, selon lui, est le jour; mais *azal* n'est que le point qui sépare le soleil levant du midi, comme l'*assero* partage le midi du couchant. Le jour proprement dit est *was*. Ainsi du reste.

Le fond de la langue berbère n'est que le jargon d'un peuple sauvage. Elle n'a point de terme pour exprimer les idées abstraites, et elle est obligée de les emprunter de l'arabe. Pour eux, l'homme n'est point sujet à la paresse, à la mort, il est paresseux, il meurt. Le pain n'a point de rondeur, il est rond. Leur langue ne leur fournit que des termes concrets pour exprimer des qualités unies à leurs sujets; et c'est autant qu'il en faut à des hommes que la dévastation des plaines oblige à vivre isolés dans leurs montagnes, et que la jalousie et l'intérêt mettent toujours en guerre avec les montagnes voisines.

Les berbers n'ont aucune conjonction qui réponde à notre *et*, et leurs parties d'oraison ne sont point liées. Pour dire *il boit* et *il mange*, ils disent *il boit*, *il mange*. L'habitude leur apprend à faire des phrases courtes pour exprimer leurs sensations ; bornées presqu'aux seuls besoins des animaux. Ils ont cependant le *qui* et le *que*, *wéin*, et la particule *ï*, répondant à notre *il*, qui aident leurs narrations et les empêchent d'être obscures.

Tous les mots relatifs aux arts et à la religion sont empruntés de l'arabe. Ils leur donnent une terminaison berbère, en retranchant l'article *él* et en mettant au commencement un *t* et un autre *t* ou *nit* à la fin. Par exemple, *él mukhal*, en langue barbaresque, signifie fusil. Les berbers en feront *te mukhalt* ou *te mukhalnit*. *Maqas* en arabe signifie ciseau; ils diront *temaqast* ou *temaqasnit*.

Ils empruntent aussi de l'arabe les épithètes qui leur manquent, et ils les habillent à la berbère en les faisant précéder de la syllabe *da*. Par exemple *qadym* en arabe signifie ancien, on dit *da qadym* en berber ; *raqyq*, maigre, en arabe; *daraqaq*, en berber, etc.

Ils n'ont point maintenant d'autres caractères pour écrire leur langue, que ceux des arabes, auxquels ils ajoutent trois lettres persanes qui manquent à l'alphabet arabe, le *tchym* (tch), le *jâ* (j) et le *guêf* (g). C'est ce que nous allons voir plus amplement. Mais comme la plupart de leurs montagnes ont toujours été inaccessibles aux conquérans de l'Afrique, il n'y aurait rien d'extraordinaire de rencontrer chez eux quelques livres écrits en caractères originaux, s'il était possible de parcourir l'Atlas sans danger. Cependant toutes mes recherches à ce sujet, dans les lieux où j'ai été à portée d'avoir quelque relation, me laissent peu d'espérance.

Quoique la religion de ces montagnards soit l'islamisme, il y en a très-peu parmi eux qui sachent l'arabe. Les marabouths leur expliquent le Qoran dans leur langue; et les prières du peuple, comme parmi les nègres musulmans, se bornent en général à la profession de foi, la seule chose nécessaire, dans leur croyance, pour être sauvé. L'avantage qu'ont leurs marabouths de savoir un peu lire et écrire et de parler arabe, leur donne le plus grand crédit; et ce sont eux qui commandent dans la plupart de ces montagnes.

Nous venons d'observer que les berbers, pour écrire leur idiôme, se servent de l'alphabet arabe, auquel ils ajoutent trois lettres persanes, le *tchym*, le *já*, le *guêf*. Voici la méthode dont on s'est servi dans le dictionnaire, pour rendre la valeur des lettres en caractères français :

(1) *Alyf* (a). Exemple : *Akbel*, maïs ; *izameren*, les moutons ; *oglan*, les dents *iman*, un individu, une personne.

Bé (b) : j'ai cru remarquer que tous les mots où entre cette lettre, ne sont point originairement berbers.

Té (t). *Tézourin*, du raisin.

Té à trois points (th) : c'est le thita des grecs comme il se prononce dans *théos θεος*. Cette lettre est très-fréquente dans la langue berbère. Exemple : *thoura*, maintenant ; *ethmatheniou*, mes frères ; *thiahdayn*, les filles.

Djym (dj). *Edjidjiguen*, les fleurs ; *djan*, ils ont quitté.

Hhâ (h). *Ahdjadjou, en timis*, la flamme.

Khâ (kh.) *Khalia'a*, viande salée et conservée dans l'huile.

Les mots dans lesquels cette lettre se rencontre, ne sont point berbers.

Tchym (tch.) *Outchi*, le manger ; *ketch*, toi.

Dal (d.) *Adou*, le vent ; *déoua*, dessous.

---

(1) Au lieu de caractères arabes, j'indique les lettres de cet alphabet par leur nom. Les personnes versées dans cette langue les reconnaîtront aisément. (L-s.)

Dhâl fort adouci (dh.) *adhi*, à moi ; *adhak*, à toi.

Rê (r.) *Ouerti*, un verger ; *edmer*, poitrine ; *aram*, chameau.

Zê (z.) *Ezizzou*, cassie, fleur.

Jâ (j, comme dans joli, Jean, etc.) *Daghoujil*, un orphelin ; *eja'abouben*, les entrailles.

Syn (s.) *Sin*, deux ; *mimmis*, son fils.

Chyn (ch.) *Aqchich*, enfant ; *tabouchi*, teton.

Ssâd (ss.) *Timaqasst*, ciseau.

Dhâd (dh.) Les mots dans lesquels on rencontre cette lettre et la précédente, ne sont point d'origine berbère.

Tha (th ou t double.) *Belloutt*, gland ; *ttifirkhan*, enfant.

Dha (dh. ou double dhâl.) Les mots dans lesquels on rencontre cette lettre, ne sont point d'origine berbère.

A'in (a'a), *a'about*, le ventre ; *mis temé a'oult*, fils de p....

Ghaïn (gh.) C'est le *ghamma* γ des grecs.) C'est la lettre qui domine dans la langue berbère, avec le *thita* θ. Les oreilles qui de bonne-heure ne sont point accoutumées à entendre prononcer le ghaïn, croient entendre un r gras ; mais il existe une grande différence entre ces deux prononciations. *Edghagh*, une pierre ; *aghoulim*, une peau.

Fé (f.) *Efous*, main ; *afrioun*, feuille.

Qaf (c ou q.) *Agli*, nègre ; *amouqran*, un grand, un seigneur.

Kéf (k.) *Akal*, terre poussière ; *akai*, tête ; *akk*, tout.

Guéf (gu, gue, gui.) *Teguemert*, jument ; *teguerfa*, corbeau.

Lâm (l.) *Elim*, paille; *lebda*, toujours.
Mym (m.) *Imi*, bouche; *em*, comme; *meraoued*, dix.
Noùn (n.) *Nizha*, beaucoup, trop.
Oùáoù (ou'w.) *Aksoum*, viande; *iewen*, un; *wade-firwa*, un après l'autre.
Hê (h aspiré.) *Tehoudicht*, une toupie.
Ya (i.) *Thidi*, sueur; *eired*, un tigre.
Lâm âlyf (la.) *Ella*, il était.

De la Déclinaison.

Les noms, dans la langue berbère, sont indéclinables; mais leur pluriel varie beaucoup. Aussi, à cause de leur irrégularité, on a eu soin de les mettre dans le vocabulaire. Quant aux cas, ils sont désignés par des prépositions que l'on trouve dans le dictionnnaire, suivant leur ordre alphabétique. Les mots n'ont point d'article qui réponde à notre *le, la, les.*

La marque du génitif est très-variée; et je n'ai point eu assez d'usage de cette langue pour en donner des règles sûres. Voici les prépositions dont on se sert le plus communément : *en, n, eb, nou, eghy, ou, gh, b.* Lorsque j'ai voulu me servir de toutes ces prépositions, on m'a fait sentir que je me trompais. Les prépositions le plus souvent employées sont *en*, *ou*, *b*.

Exemple :

Le seuil de la po   *mzar en thabourt.*
Le cheykh de Felissen,   *amouqran ghi Felissen.*

Les prépositions qui marquent le datif, sont les suivantes : *i, gher, se, ès, ghi.*

Exemple :

A l'homme,   *i ouerghaz.*
A Mekines,   *ghi Meknes.*
A la maison,   *s'akham.*

Il me serait impossible d'assigner les véritables lieu et place où l'on doit employer une de ces prépositions plutôt qu'une autre; mais j'ai remarqué que dans la conversation, *i* et *is* étaient celles qui revenaient le plus souvent.

La marque de l'ablatif est la préposition *zigh, ghaf* et *so.*

Du moulin,   *zigh thesirt.*
De la montagne,   *ghaf edrar.*
De la ville,   *zigh thimdint.* (1).

---

(1) *Thimdint* est visiblement la corruption berbère de l'arabe *médynet* (ville). L'absence de ce mot dans la langue des berbers, caractérise bien une nation nomade et presque sauvage. (L-s.)

Des Pronoms personnels.

Lorsque les pronoms personnels sont régis par un verbe, ils se mettent devant ce même verbe comme en français; à l'exception cependant du pronom de la première personne du singulier qui est désigné par un *yâ* (*i*) mis à la fin du verbe, et celui de la troisième personne du même nombre, désigné par un *té* à trois points (*th.*)

Exemple

Donne-moi,	*efkiy.*
Baise-moi,	*soudeni.*
Je l'ai battu,	*outaghth.*
On lui a donné,	*efkaneth.*

Lorsque le verbe qui régit les mêmes pronoms personnels est négatif, ils se joignent à la particule négative.

Exemple :

Ne me bats pas,	*ouri ouwit.*
On ne nous battra pas,	*ouagh yrwet.*

Mais les pronoms personnels, lorsqu'ils sont au datif, se mettent devant le verbe qui les régit de cette manière :

A moi,	*adhi.*
A toi (masc.),	*adhak.*
A toi (fém.),	*adham* ou *adhakim.*
A lui, à elle,	*adhas.*
A nous,	*adhagh.*

A vous (masc.)	*ahhawen.*
A vous (fém.),	{ *adhawent* ou *adhakunt.*
A eux,	*adhasen.*
A elles,	*adhasent.*

Pronoms possessifs.

Mon livre,	*kitabinou* (1).
Ton livre (masc.),	*kitabinek*, etc.
Leur livre (masc.),	*kitabennesen.*
Leur livre (fém.),	*kitabennesent.*

Des Conjugaisons.

Les conjugaisons commencent par l'impératif, parce que ce tems renferme ordinairement les lettres radicales. On ajoute un *ghaïn* (gh) à la fin du mot, pour former la première personne du prétérit; un *té* (t) au commencement de l'impératif; pour la deuxième personne du prétérit, un *yâ* (i) pour la troisième masculin, et un *t* pour le féminin; un *noûn* (n) pour la première du pluriel, pour la deuxième un *té* (t) au commencement et un *mym* (m) à la fin, un *noûn* (n) et un *té* (t) à la fin pour la troisième. Il faut observer que le prétérit est le seul tems bien marqué de la conjugaison des berbers. Le présent et l'optatif se forment généralement en ajoutant la particule *éd* devant les personnes du prétérit. Le futur a la même particule,

---

(1) Le mot *kitab* (livre) est emprunté de l'arabe. (L-s.)

et on ajoute quelque adverbe qui désigne un tems avenir.

La manière de conjuguer les verbes est uniforme, et ce sont toujours les mêmes terminaisons. Les tems se bornent à l'impératif et au prétérit; car en ajoutant *éd* ou *é* devant le passé, on fait le présent ou l'optatif; et en ajoutant au présent quelque adverbe qui marque l'avenir, on fait le futur. Au moyen des exemples que je vais donner, celui qui feuilletera le vocabulaire berber avec un peu d'attention, saisira bientôt la marche de la conjugaison.

La lettre ghaïn (gh) ajoutée à la fin de l'impératif, forme la première personne du prétérit.

Imparfait.		*Passé.*	
Fais cuire,	subb.	J'ai fait cuire,	subbagh.
Triomphe,	erni.	J'ai triomphé,	ernigh.

La seconde personne du singulier du prétérit, se forme en mettant un *t* au commencement des radicales de l'impératif; et si c'est un *âlif* qui est la première radicale, il disparaît. On ajoute aussi un *dâl* (d) à la fin.

Imparfait.		*Seconde personne singulière du prétérit.*	
Fais,	esker.	Tu as fait,	teskerd.

La troisième personne du passé au singulier, prend un *i* à la place du *t* qui désigne la seconde personne, et le *dâl* (d) de la fin disparaît; ou, pour rendre la règle plus simple, il faut ajouter un *i* à la première radicale de l'impératif.

Imparfait.

Fais, esker. Il a fait, ysker.

La première personne du pluriel au prétérit, se forme en mettant un *n* devant la première radicale de l'impératif; et si cette première radicale est un *âlyf*, il disparaît.

Imparfait.

Ris,	des.	Nous avons ris,	nedes.
Fais,	esker.	Nous avons fait,	nesker.
Cours,	ezzel.	Nous avons couru,	nouzzel.
Coupe,	aghzim.	Nous avons coupé,	naghzim.

La seconde personne du pluriel au prétérit prend un *t* devant la première radicale de l'impératif, et un *m* à la fin de la dernière.

Imparfait.

Fais,	esker.	Vous avez fait,	teskerem.
Habille-toi,	ils.	Vous vous êtes habillés,	telsem.
Sors,	effagh.	Vous êtes sortis,	tefgham.
Rassasie-toi,	erwou.	Vous vous êtes rassasiés,	terwem.

La troisième personne du pluriel au prétérit prend un *n* à la fin des radicales de l'impératif ; et lorsque l'*âlyf* est la première radicale, il s'élide; mais cette règle n'est point générale, et il n'y a que l'usage qui en décide.

Imparfait.

Prie,	*zall.*	Ils ont prié,	*zallen.*
Fais,	*esker.*	Ils ont fait,	*eskeren.*

On ajoute aussi pour l'*euphonie* un *d* à la fin, comme

Ils ont prié,	*zallen,* ou *zallend.*
Ils ont fait,	*sekeren,* ou *sekerend.*

Cette conjugaison unique pour tous les verbes a quelques variations, pour faire connaître le genre feminin.

A la troisième personne du singulier, au prétérit, lorsqu'il s'agit d'une femme, au lieu d'un *i* il faut mettre un *t*.

Exemple :

Il a fait,	*ysker.*	Elle a fait,	*tesker.*

La seconde personne du passé au pluriel, ajoute un *t* lorsqu'il s'agit du genre féminin.

Exemple :

Masculin.		*Féminin.*	
Vous avez pétri,	*tougham.*	Vous avez pétri,	*toughami.*

La troisième personne du passé au pluriel ajoute pour le féminin un *t* à l'*n*. C'est précisément notre *ent* dans nos conjugaisons françaises.

Exemple :

Ils ont fait, *sekeren.*   Elles ont fait. *sekerent.*

La seconde personne du pluriel à l'impératif, est aussi distinguée lorsqu'il s'agit du genre féminin.

Exemple :

Faites (masc.), *sekeret.*   Faites (fém.), *sekerimt.*
Portez (masc.), *erfidet.*   Portez (fém.), *erfidimt.*

Le verbe négatif se forme en mettant la particule *our* ou *wer*. On y joint aussi, comme en français, le pronom personnel ; mais il n'est point égal de mettre *our* au lieu de *wer*, et *wer* ne s'emploie ordinairement qu'avec les pronoms.

Exemple :

Ne fais pas,   *our esker.*
Ne faites pas,   *our sekeret.*
Ne dis pas,   *our in.*
Ne dites pas,   *our inet.*

Tous les verbes en général se conjuguent de même ; et il n'y a aucune exception ni aucune variation.

Manière de compter en berber.

Un,	ouan.
Deux,	thenat.
Trois,	kerad.
Quatre,	qouz.
Cinq,	summus.
Six,	sedis.
Sept,	set.
Huit,	tem.
Neuf,	dza.
Dix,	meraoua.
Onze,	yan demrau.
Douze,	sin demrau.
Treize,	kerad demrau.

(Continuez jusqu'à vingt à joindre les noms des unités au mot *demrau*.)

Vingt,	sin demrawinin.
Vingt et un,	yan sin demrawinin.
Vingt-deux,	thenat demrawinin thenat.
Vingt-trois,	sin demrawinin kerad.
Vingt-quatre,	sin demrawinin qouz, etc.
Trente,	kerad demrawinin.
Trente et un,	kerad demrawinin yan.
Trente-deux,	kerad demrawinin thenat.
Trente-trois,	kerad demrawinin kerad, etc.
Quarante,	qouz demrawinin.
Quarante et un,	qouz demrawinin yan.
Quarante-deux	qouz demrawinin thenat.
Cinquante,	summus demrawinin.

Cinquante et un,	*summus demrawinin yan*, etc.
Soixante,	*sidis demrawinin.*
Soixante et un,	*sidis demrawinin yan*, etc.
Soixante-dix,	*set demrawinin.*
Soixante onze,	*set demrawinin yan*, etc.
Quatre-vingt,	*tem demrawinin.*
Quatre-vingt un,	*tem demrawinin yan*, etc.
Quatre-vingt-dix,	*dza demrawinin.*
Quatre-vingt-onze,	*dza demrawinin yan*, etc.
Cent,	*miyet* (1).
Cent un,	*miyet yan.*
Cent deux,	*miyet thenat*, etc.
Deux cents,	*thenat miyet.*
Trois cents,	*kerad miyet*, etc.
Mille,	*ifid* (2).
Deux mille,	*thenat ifid.*
Trois mille,	*kerad ifid*, etc.
Million,	*mérawed ifidan.*
Cent millions,	*miyet merawed ifidan*, etc.

---

(1) Ce mot est arabe. (L-s.)

(2) Ce mot paraît être une corruption de l'arabe ألف, mille. (L-s.)

VOCABULAIRE BERBER.

A.

Achète (impératif),	awagh,
Air,	adou.
Aime (impér.),	hhammil.
Aisselle,	ttabiq.
Allume (impér.),	eseragh.
Aujourd'hui,	essa.
Amène (impér.),	awid.
Ami,	dameddakul.
Année,	esoughas.
Ane,	aghyoul.
Anesse,	taghyoult.
Après,	daffin, tighourdin, néf.
Argent,	naqarat.
Argent monnoyé,	idrimen.
Arbre,	ennoukla.
Assieds-toi,	aqqim.
Auprès,	ghour (1).
Attends (impér.),	erdjou.
Avec,	akyd.
Augmente (impér.),	ernoud.
Aveugle,	iderghal.

(1) Cet adverbe qui, comme le mot arabe *e'nd*, signifie chez, remplace notre verbe avoir, posséder, en berber, comme l'autre mot le remplace en arabe. (L-s.)

B.

Baise (impér.),	souden.
Bâton,	thighrit.
Bats (impér.),	ouwit.
Berber (1),	amzigh. M.
Beaucoup,	atlas.
Beau, bon,	ilha, dela'li.
Belle, bonne,	thelha, déla'alit.
Berger,	amiksa.
Bled,	irdin, irden.
Blanc,	damellal.
Blanche,	temellelt.
Bœuf, taureau,	ezghir.
Bois à brûler,	esghar.
Bois (forêt),	emadagh.
Bois (impér.),	sew.
Bras,	eghil.
Brebis,	{ thili, M. thikhsi.
Butin,	essa'i.

C.

Canne (roseau),	taghanimt.
Canne à sucre,	aghanim aziden.
Casse (impér.),	erz.
Cavalier,	demnaï.
Chagal,	ouechen.
Charrue,	elmaâ'oun.

(1) En arabe *qabāīly*, *chīlahh*, pluriel *choulouh*.

Charrue (manche de la),	teoussat.
Chat,	{ emchich. mouch. M. (1).
Chatte,	{ temchicht. tamoucht. M.
Chameau,	{ aram M., amarot. elghoum.
Chamelle,	{ telghoumt. taramt. M.
Chapon,	lenbehudje.
Cache (impér.),	senfi.
Chante (impér.),	ghanni. *Arabe*.
Chaud,	zaqal.
Cervelle,	{ akhichkhach. aqarouy.
Chef (cheykh),	amouqran.
Cherche (impér.),	{ fatach. nadi.
Cheveu,	{ dicha'âr. Ar. azal. M.
Chemin,	ebrid.
Chemise de laine,	taqandourt.
Chemise de toile,	taseït.
Chez,	{ ghar, *ou* ghour.
Chêne,	thibouchichis.
Cire mêlée avec le miel,	adaqis.

(1) Nous avons placé un M après les mots berbers usités principalement à Marok.

(433)

Cire,	tekir.
Chien,	sing. aïdi.
	plur. idan.
Chien enragé,	aïdi damsoud.
Chien (petit),	s. aqjoun.
	pl. iqjan.
Chienne (petite),	taqjount.
Chrétien,	s. ouroumy (1).
	pl. iroumy.
Crache (impér.),	sousef.
Crie (impér.),	siwal.
Coq,	s. éiazid.
	pl. iouzad.
Cou,	s. thimgharat.
	pl. thimghardin.
Cœur,	s. oul.
	pl. oulawen.
Crains (imp.),	âoughad.
Colline,	ighil.
Cochon,	ilf.
Colère,	itchahh.
Collier,	thezleguit.
Colonne,	tighijedit.
Combat,	imenghi.
Comme (semblable),	enicht,
	em.
Connais (imp.),	esin.

(1) Ce mot me paraît dérivé de *Houmy*, natif du pays de *Roum*, nom de la Grèce en arabe. (L-s.)

28

Corps,	emsuloukh.
Crains (impér.);	aksoud.
Couche-toi,	ghin.
Coupe (impér.)	{ aghzin, bi.
Coupe le grain,	émguir.
Couvre (imp.),	édil.
Kouskouçoù (1),	suksou.
Couverture,	akhoucy,
Couverture de laine,	afau.
Couteau,	efrou.
Coutelas,	adjenéwi.

D.

Danse (impér.),	echdahh.
Datte,	tini (2).
Déchire (impér.),	bi.
Délie (impér.),	efsi.
Demain,	ezikka.
Après-demain,	nefezikka.
Dent canine,	{ s. oughoul. pl. oughlan.
Dent molaire,	toughmas.
Depuis,	sugh.
Dessus,	{ soufella. ennigh.

(1) Espèce de semoule cuite à la vapeur du bouillon, pilau à la barbaresque. *Voyez* ci-dessus ma note, p. 9. (L-s.)

(2) Le même fruit se nomme *tyn*, en arabe. (L-s.)

Dessous,	dewa.
Deviens (imp.),	oukkoul.
Descends (imp.),	ers.
Derrière,	izdéfir.
Devant,	ezzet.
Devidoire,	thimaghzelt.
Dis (impér.),	siwel.
Dis, parle (imp.),	in.
Dieu,	rebbi.
Diable,	chéitan (1).
Discours,	awal.
Difficile,	youa'ar.
Doigt de la main,	s. adad. pl. idaden, ou idouden.
— du pied,	tifad nivin.
Droite (la),	theman iéfous.
Dos,	a'arour.
Donne (imp.),	efki.
Dois (imp.),	athignad ou ghan.
Doux,	daziden. zeid.

E.

Eau,	anan ou eman.

---

(1) Ces deux mots sont empruntés de l'arabe, ce qui est fort remarquable. (L-s.)

Eclair,	el barqit (1).
Ecris (imp.),	ouri.
Ecoute (imp.),	esill.
Egorge (imp.),	ezlou.
Emplis (impér.),	tchar.
Empereur,	aghillid.
Encre,	simagh.
Enfant,	aqchich.
Enfantement,	atarou.
Ennemi,	da'adou (2).
Enragé,	damasoud.
Enterrement,	thimdilt.
Entre (impér.),	ekchim.
Entre (adverbe),	{ ghaighar et ghouighar.
Emeraude,	seydi.
Epée longue,	{ s. lemcha. pl. lemachi.
— large,	sabir (3).
Eperon,	thoughourdin (4).
Epaule,	thaït.
Epi,	thidert.
Epoux,	disli.
Epouse,	tislit.
Etends (imp.)	efser.

---

(1) Ce mot est dérivé de l'arabe *êl-barbarq*. (L-s.)

(2) Ce mot est dérivé de l'arabe *a'dou*.

(3) C'est notre mot *sabre*.

(4) La première partie du mot est d'origine arabe et signifie dents : c'est le même que *théghr* (prononcez *tzéghr*. (L-s.)

Etre, il fut.	illa.
elle fut,	thella.
tu fus,	tellid.
je fus,	elligh.
ils furent,	ellan.
vous fûtes,	tellam.
nous fûmes,	nella.
il sera,	ili.
elle sera,	teli.
Etoile,	{ s. ithri. { pl. ithran.
Etranger,	daberrani.
Européens,	iroumin (1).

F.

Fais (imp.),	esker.
Famille,	elwachoul.
Farine,	aouren.
Farine grillée,	{ zoummitah, { ttamminah.
Farine d'orge grillée et pétrie avec du lait (2).	rouinah.
Ferme (imp.),	err.
Faulx,	emguin.
Femme,	themmettout.

---

(1) *Voyez* ma note ci-dessus, p. 433. (L-s.)

(2) Et pétrie avec du miel et du beurre : c'est la provision de voyages des arabes et des berbers. *Voyez* ci-dessous, mes additions et corrections. (L-s.)

Femmes en général,	thoulawen ou thoulawin.
Fer,	wezzal.
Feu,	timis.
Fièvre,	theula.
Fils,	mis.
Fille,	taqchicht.
Filles en général.	thiahhdaïn.
Figue fraîche,	tibakhsisin.
Figue sèche,	tazert.
Figuier,	tinouklin-tazert.
File (impér.),	ellim.
Fil,	elkhaïoud.
Filet,	timaghzelt.
Finis (impér.),	fouk.
Fleur,	s. edjidjig. p. edjidjiguen.
Flots,	elmeudja (1).
Faible,	demdhaouf (2).
Fois (une),	thikilt.
Fou,	iounchef.
Forêt,	amadagh. teghant.
Fort,	iaqoua (3).
Frère,	ighma.

---

(1) Ce mot est dérivé de l'arabe *meüdje*. Le nom de la mer, *lebhhar*, est également dérivé de l'arabe *bahhr*; ce qui caractérise bien un peuple méditerranée. (L-s.)

(2) Dérivé de l'arabe *dhéif*. (L-s.)

(3) Dérivé de l'arabe *qaouy*. (L-s.)

(439)

Frères,	athmathen.
Froid,	esimmid.
Front,	tewenza.
Fronde,	illi.
Fuis (impér.),	erwek.
Fume (impér.),	sewdoukhan (1).
Fume (je),	adseouagh.
Fuseau,	timaghzelt.

G.

Galle,	idjidjdjid.
Garçon,	aqchich.
Gâteau (2),	refis.
Gauche,	{ elhhazau. M. { theman zelmad.
Gelée,	aghris.
Genoux,	tighchirer.
Giton,	chemalah.
Gomme arab.,	tunin.
Gosier,	aghirdjoum.
Grand,	amouqran.
Grande,	mouqrit.
Gras,	iqoubbéh.
Grasse,	teqoubbeh.
Gratte (imp.),	ekmiz.
Grêle,	abrouri.
Guéris-toi,	{ ahhli. { ahhlou.

---

(1) *Littéralement* bois du tabac.
(2) Pétri avec du beurre et feuilleté.

H.

Habit,	thelebeh.
Habille-toi,	etlous thelebek.
Hanches (les),	imchachen.
Héritier,	ioureth (1).
Hier (le jour),	idhalli.
Hier (la nuit),	izerien.
Hydropisie,	attan.
Hiver,	chitoua.
Homme,	{ s. erghaz. { p. irghazen.
Honteux,	dela'ar.
Huile,	zeït (2).
Hume (imp.),	eskef.

J.

Ici,	gharda.
Jambe,	adar.
Jardin,	elghalla.
Jarre,	{ echmoukh. { esaghoum.
Jaune,	auragh.
Jonc,	edlis.
Jour,	onas,
Jusques,	ar, er.
Jure (impér.),	ghall.

---

(1). Mot dérivé de l'arabe *ouéroth* : prononcez *ouérétzé*, il a hérité. (L-s.)

(2) Ce mot est arabe.

(441)

L.

Là,	dihhin.
Laboure (imp.),	ekriz.
Lait,	aifki.
Lait aigre,	{ aghou.
	ighi.
Laine,	tadoutt.
Langue,	{ s. ilis (1).
	p. ilsan.
Lave (imp.),	sired.
Large,	iusa'a.
Lentille,	télintit.
Libre,	imazirgh (2).
Lion,	{ s. izim.
	p. izmaouen.
Lit,	{ tekenna.
	tissi.
Long,	daghouzzifan.
Lune,	tiziri.

M.

Maison,	akham.
Main,	efous.
Mange (imp.),	itch.

---

(1) Ce mot ressemble beaucoup à l'arabe *liçàn*, qui désigne le même organe. (L-s.)

(2) C'est le nom sous lequel les habitans de l'Atlas, c'est-à-dire les berbers, se désignent entr'eux.

Manger (le),	outchi.
Marie-toi,	erchel.
Marteau,	ezdouz.
Marche (impér.),	eddou.
Matin,	eghlouas.
Mat,	ouechghau.
Mauvais,	{ dirith. { irith.
Meilleur,	akhyr (1).
Menton,	thermert.
Mer,	lebhhar (2).
Mère,	ïemma.
Mesure (imp.),	ektil (3).
Mets (imp.),	sersy.
Miel,	thamemt.
Midi,	{ terouarnen. M. { ighsemouas.
Mois lun.,	{ aghour. { ayour.
Moissonne,	emguer.
Moëlle,	adhif.
Montagne,	{ s. edrar. { p. idourer.
Monte (impér.),	ali.
Mouton,	ikerri.
Muet,	dabukouch.
Muette,	tebkoucht.

(1) Ce mot est arabe. (L-s.)
(2) *Voyez* ma note ci-dessus, p. 438. (L-s.)
(3) Dérivé de l'arabe *kyl.* (L-s.)

Mulet, aserdoun.
Mule, taserdount.
Musulman, insilman.

N.

Natte, tegharthilt.
Neige, edfil.
Nègre, aqli.
Négresse, taqlit.
Noces, themghara.
Nœud, thiyersi.
Noir, dabrikan,
Noire, tebrikent.
Nombril, { tedja'about.
{ thimitt.
Nuage, esighna.
Nuit, id.
Nuit (cette), ida.

O.

Obscurité, telas.
Œil, { s. thitt.
{ pl. thittaouin.
Œuf, themellelt.
Oignon, ezlim.
Oiseau, afroukh.
Olive, ezemmour.
Olivier, tizimerin.
Ongle, ichir.
Or, ouirght.
Oreille, amzough.

Orge,	thimzin.
Orphelin,	daghoujil.
Orpheline,	teghoujilt.
Os,	ighas.
Ote (imp.),	ekis.
Outre,	aïdid.
Oublie (imp.),	etsou.
Ouvre (imp.),	{ eldi. / elli.

P.

Pain,	aghroum.
Paire,	sin.
Parle (imp.),	etimsilaï.
Pays,	thamurt.
Parole,	aoual.
Partage (imp.),	ebdou.
Pauvre,	daghallil.
Perle,	thiaqain.
Père,	baba.
Peste,	{ tirkéh, / téhhaboubt. *Arabe.*
Petit,	mezzi.
Petite,	tamzint.
Petits enfans,	errech.
Peu,	edrous.
Pied,	{ s. adar. / pl. idaren.
Pigeon,	ithbir.
Pierre,	edghagh.

Pisse (imp.),	abzid.
Pleure (imp.),	etsérou.
Plie (imp.),	iskour.
Pluie,	elehoua.
Pluie forte,	{ aghoufor. { anzar.
Poison,	esumm (1).
Poisson,	eslimm.
Poitrine,	edmer.
Poltron,	oudéï (2).
Porte,	thabourt.
Porte (imp.),	aoui.
Porte un fardeau,	erfed.
Pour,	ghaf.
Poussière,	akal.
Premier,	emzouvérou.
Prends (imp.),	attaf.
Prends (impér.),	ouwagh.
Prix, valeur,	elqimeh (3).
Prête (imp.),	ardel.
Prie (imp.),	zal.
Prière,	tezallit.
Promesse,	wa'adéh (4).
Protège (imp.),	emna'a (5).

---

(1) Dérivé de l'arabe *summ*.
(2) Littéralement, juif.
(3) Mot arabe.
(4) Mot arabe.
(5) Mot arabe qui signifie empêcher.

Q.

Quadrupède,	heouaïche (1).
Quitte (imp.),	edjdji.
Queue,	edjahhanid.

R.

Raisin,	tézourin.
Rassasie-toi,	erouou.
Rase (imp.),	sattal.
Regarde (imp.),	mouqqal.
Reins,	a'arour.
Renverse (imp.),	saghli.
Retourne (imp.),	oughal.
Riz, légume,	eruz (2).
Ris (imp.),	dès.
Rivière,	ighzar.
Rouge,	ezoughghagh.
Rougeole,	tébouzoughaght.
Rhume,	idmaren.

S.

Sable,	tefzah.
Sache (imp.),	esin.
Sang,	idemmin (3).
Salé,	marragh.

---

(1) *Oùhhoùch*, en arabe, désigne les bêtes fauves. (L-s.)
(2) Mot emprunté de l'arabe.
(3) *Demm*, en arabe.

Saute (imp.),	{ akkir.
	{ erkes.
Soulier,	thicileh.
Sel,	ticint.
Selle,	tharikt.
Serpent,	azrem.
Singe,	{ ibki.
	{ za'atout.
Sœur,	weltma.
Soir,	tala'achit.
Soleil,	tefoukt.
Soif,	fad.
Soif (j'ai),	foudagh.
Soif (tu as),	tafoudad.
Soif (il a),	yïfoud.
Soif (nous avons),	nefoud.
Soif (vous avez),	tefoudem.
Soif (ils ont),	effouden.
Sommeil,	idas.
Son (du blé),	aghourchal.
Sors (imp.),	effagh.
Soufflet (meuble),	tasout.
Soufflet (coup),	amdil.
Sourcils,	{ s. ammiouen.
	{ p. thimmiouin.
Source d'un fleuve,	thela.
Sueur,	thidi.
Sous,	{ deoua.
	{ deouat.
	{ souada.

Sur (à, au, etc.),	ghar. / ghaf.
Sur, dessus,	ennigh. / soufella.

T.

Tais-toi (impér.),	sousim.
Talon,	s. aghourz. / p. ighourzan.
Tambour,	teghinga.
Taureau,	s. ezghir. / p. izgharen.
Terre, poussière,	akal.
Terre (la),	tegounits.
Tête,	s. ikhf. / p. ikhfawen. / s. aqaroui. / p. iqaraouin.
Teton,	taboucht.
Tigre,	éïred.
Toison,	thilist.
Tombeau,	azikka.
Tombé (il est),	ichad.
Tombé (je suis),	chadagh.
Tonnerre,	tenzilt. / ra'oud (1).
Torrent,	thergha.
Toujours,	lebda, / ebda.

(1) Ce dernier mot est dérivé de l'arabe *ra'ad*. (L-s.

Tourne (impér.), wezzi.
Tout, akk (1).
Toux, { thousout.
{ tekouit.
Trop, nizkha.
Tronc d'arbre, { aqdjémour.
{ aqaroum.
Trou, oukhdjid.
Troupeau, oulli.
Trouve (impér.), oufi.
Tue (impér.), ehgha.
Tué (j'ai), enghigh.
Turban de laine, terkerzit.
Turban de soie, telament.

U, V.

Un { wan.
{ iéwen.
{ ian. M.
Une, { iwet.
{ iat.
{ iant. M.
Vache, téfounest.
Veau, aghallous.
Urine, ibizdan.
Viande, { téfi.
{ aksoum.
Vainques (que tu), erni.

___
(1) Ce mot signifie aussi *avec*.

Vie (la),	{ werghaz. amqiour.
Vieillard,	emghar.
Vieille,	temghart.
Viens (imp.),	{ eddou. echqad. M.
Vile,	{ chemata. dirith.
Village,	thedert.
Vigne,	{ tijinent. teferrant.
Vin,	amanawadil.
Visage,	aqadoum.
Vite,	ghiwel.
Veine,	{ s. azar. p. izouran.
Vent,	adou.
Ver,	teukiout.
Ventre,	{ a'about. the'about.
Verd,	azighzau.
Voilà,	waguini.
Vois (imp.),	ezer.
Voisin,	a'achir.
Voleur,	imekrad.

ADDITIONS ET CORRECTIONS.

Aperçu de la route de Tripoli, de Barbarie, à Fezzân (1).

La ville de Tripoli entretient des relations de commerce avec le Fezzân; et ce commerce est sa principale ressource; elle en tire annuellement du séné, du natron, quelques parties d'alun, des plumes d'autruche et sept à huit cents esclaves noirs, mâles et femelles; elle vend le séné, l'alun,

---

(1) Ou Mourzoùk. *Voyez* ci-dessus, p. 188. Ces renseignemens ont été communiqués au citoyen Venture en 1788, à Paris, par un vieux tripolitain qui servait de Mentor et de secrétaire d'ambassade à un envoyé chargé par le pâchâ de Tripoli de féliciter le stathouder. Ce vieux tripolitain avait fait deux fois le voyage de Fezzân (ou Mourzoùk), et proposait alors au gouvernement français d'accompagner la personne que l'on voudrait envoyer à Fezzân avec une pacotille qui pourrait procurer de très-gros bénéfices. C'est de cette notice que parle le citoyen de Lalande dans son intéressant Mémoire sur l'intérieur de l'Afrique, publié en l'an 3. Il se proposait de la faire imprimer; mais il paraît n'en avoir pas trouvé l'occasion. (L-s.)

les plumes d'autruche à des marchands juifs qui les portent à Livourne, et qui lui fournissent des quincailleries, de petites étoffes et du papier qu'elle place ensuite au Fezzân, avec un avantage de deux ou trois cents pour cent; elle envoie ses esclaves noirs dans les diverses échelles de Turkie. Les négresses s'y vendent depuis le prix de mille francs jusqu'à quinze cents francs, selon leur beauté. Les mâles s'y vendent beaucoup moins chers. Le profit que Tripoli fait sur la vente de ces esclaves, lui procure des grains et des légumes nécessaires à la subsistance des habitans; car le manque des pluies printanières rend presque tous les ans, plus ou moins insuffisantes aux besoins du peuple, les récoltes qui se font sur les terres de sa domination. Quant au natron (1), qu'elle tire du Fezzân, elle l'emploie à la préparation de ses maroquins, dans certaines teintures, pour leur donner du mordant, à la fonte de l'argent et dans le tabac

―――――――

(1) J'ignore s'il y a des lacs de natron dans le Fezzân, ou s'il y est transporté de l'Egypte par les arabes d'Aûdjelah ou par les berbers.

(*Note du citoyen Venture.*)

râpé, où l'on a coutume d'en mettre, pour le rendre piquant.

On se rend au Fezzân par trois routes différentes : par les montagnes de Gharyân, qui sont au sud-ouest de Tripoli ; par les montagnes de Ben Ouélyd, qui sont au sud ; et par Missratha (1), ville maritime située à l'est de Tripoli, à l'extrémité orientale du golfe de la Sidre, nommé en arabe *Djoùn êl-Kibryt*, c'est-à-dire, le golfe du Soufre. Ces trois routes sont plus ou moins pénibles ; et les kâravânes préfèrent celles de Missratha (2). Mais lorsque le gouvernement est en guerre avec les arabes nommés *ouélâd seulëïmân*, qui campent sur les bords du golfe de la Sidre, ce qui arrive assez souvent, alors les kâravânes sont forcées de prendre la route du Gharyân, qui est difficile à cause des montées et des descentes.

Ces montagnes du Gharyân, éloignées de trois journées de Tripoli, sont très-peuplées et couvertes d'oliviers ; elles paient une légère redevance au pâchâ. Mais le

---

(1) Nommé *Mesuratha* sur la carte. (L-s.)
(2) Ou *Mesuratha*. (L-s.)

peuple, sous le commandement de ses chéryfs, y vit tranquille et à l'abri des vexations du gouvernement arbitraire. Dans tous les pays soumis au qorân, toutes les fois qu'on rencontre une montagne, on peut dire, en général, que les gens qui l'habitent vivent dans l'indépendance. Ces montagnes du Gharyân produisent beaucoup de safran, qui se vend à Tripoli pour la Turkie et pour l'Europe.

	journées.	milles.
De Tripoli aux confins du Ssahhrâ, par le Gharyân	3	72

En quittant ces montagnes, on marche vers le sud, et le premier lieu qu'on rencontre, après trois jours de route, se nomme *âl-Gharyéh*, où quelques morceaux de colonnes et des tours renversées annoncent l'emplacement d'une ancienne ville. Dans cet espace, on ne trouve que de l'eau saumâtre.

Des confins du Ssahhrâ, au pied du Gharyân, en tirant vers le sud, à âl-Gharyéh. .	3	72

(D'âl-Gharyéh, on se rend en trois jours dans une contrée nommée *Mezdah*.)

Ici l'on ne trouve que de l'eau saumâtre, ainsi que dans les stations que l'on fait depuis âl-Gharyéh.

Total	6	144

	journées.	milles
De l'autre part.	6	144.
D'âl-Gharyéh à Mezdah	3	72.
De Mezdah à El-Djéfer	2	48.

On ne trouve que de l'eau saumâtre.

D'êl-Djéfer à Soqnâ	7	168.

Soqnâ est la première ville de la dépendance du Fezzân, qu'on trouve sur la route du Gharyân; elle est peuplée de blancs et de noirs, tous musulmans. La kâravâne s'y repose plusieurs sjours.

De Soqnâ à Fezzân (1).	7	147.

De Soqnâ à Fezzân, on rencontre des villages de distance en distance, où l'on trouve de bonne eau et des provisions.

De Tripoli à Fezzân, par les montagnes du Gharyân	25	579.

Route de Tripoli à Fezzân, par Missratha (2).

	journées.	milles
De Tripoli à Missratha	4	100.
De Missratha, à Oùeddân, en tirant au sud.	12	234.

Oùeddân est la première ville du Fezzân qu'on rencontre sur cette route, qui fournit de bonne eau et des pâturages, lorsque l'hiver a été pluvieux.

TOTAL.	16	334.

---

(1) Ou Mourzoùk. (L-s.)
(2) Ou Mesuratha. (L-s.)

	journées.	milles.
De l'autre part........	16	334.
De Oüeddân à Zighan......	6	135.

On ne trouve pas une goutte d'eau, ni bonne ni mauvaise, dans cet espace. Le sixième jour, on couche à Zighân, où l'on a de bonne eau et des rafraîchissemens.

De Zighân à Tseméhrind........	1	21.
De Tseméhrind à Séba'a, ville considérable.	1	24.
De Séba'a à Telyn............	2	45.
De Telyn à Fezzân (1)........	1	20.

De Tripoli à Fezzân, par Missratha...	27	579.

La káravâne met quarante, et même quarante-cinq jours pour se rendre à Fezzân, à cause des stations qu'elle fait dans les lieux où elle trouve de bonne eau et des pâturages. Quand elle entre sur les terres du Fezzân, les villages qu'elle rencontre sont murés et gouvernés par un qâïd ou roi du Fezzân. Leur population est plus ou moins nombreuse. Mais Séba'a contient près de trois mille noirs, parmi lesquels il y a quelques arabes. Les marchés de ces villages fournissent des cannes à sucre, des poules, des œufs, des dattes, de l'orge, du dsour-

---

(1) Ou Mourzoùk. (L-s.)

rah (1), des grenades, des figues, des concombres et des melons d'eau. Comme il n'y a jamais de pluie, lorsqu'on s'avance dans cette contrée et qu'elle n'est arrosée par aucun fleuve, ce n'est que par le moyen des puits à roue, ou par l'arrosage à la main qu'on fait prospérer les plantes. En général, la meilleure eau est toujours un peu saumâtre ; et les étrangers doivent s'abstenir des fruits qui sont fièvreux.

Lorsque l'hiver a été abondant en pluies, on trouve depuis Tripoli jusqu'à quelques journées sur les terres du Fezzân, de l'herbe pour la nourriture des animaux. Les chameaux et les mulets sont seuls propres à supporter les fatigues de cette route. Lorsque les pluies manquent pendant l'hiver, les incommodités de la route sont plus multipliées, et il faut alors porter de l'orge, du son et des dattes pour nourrir les animaux.

Dans les vallées où passent les torrens, on trouve un arbre de haute futaie qu'on

---

(1) Ou sorgho : c'est une espèce de sarrasin que Forskal nomme *holcus-durra*, voyez Flora-ægyptiaco-Arabica, p. 175, et la *description de l'Arabie* par Niebuhr, p. 135. (L-s.)

nomme *thalhh* (1). Il ne produit ni fruit, ni gomme, mais seulement une fleur jaune d'une très-bonne odeur. Le *thalhh* est un arbre épineux, comme presque tous les arbres des déserts de l'Afrique et de l'Arabie. Les chameaux n'en mangent point les feuilles, parce qu'elles sont trop amères ; c'est le seul arbre qu'on voie sur la route que nous traçons, et c'est une rencontre bien précieuse pour des voyageurs fatigués par une chaleur excessive.

Fezzân (2) est une ville murée, à sept portes. On estime sa population de dix-huit à vingt-mille ames.

Le sulthân qui y commande est puissant et respecté ; sa domination s'étend sur un vaste territoire. Il est de la même race de ces chéryfs qui sont répandus dans les états de Marok. La succession au trône est réglée et invariable : c'est toujours l'aîné des enfans qui succède au père.

Le sulthân du Fezzân entretient de nombreuses troupes ; il a une musique guerrière, composée à l'instar de celle du pâchâ de

---

(1) *Voyez* sur cet arbre, Léon l'africain, liv. x.
(2) Cette ville se nomme aussi Mourzoûk. (L-s.)

Tripoli, de grosses caisses qu'on bat des deux côtés, de timbales, de clarinettes et de trompettes. Cette musique joue dans la cour de son palais, tous les jours vers le a'ssero, c'est-à-dire, au point qui partage le midi d'avec le coucher du soleil.

Il ne paie point de redevance au pâchâ de Tripoli ; mais, par des raisons de commerce, comme il lui convient de vivre en bonne intelligence avec lui, il lui envoie annuellement quelques esclaves noirs en présent.

Il y a la plus grande police dans les villes du Fezzân, et la plus grande sûreté dans les chemins. Dans toute l'étendue de ce royaume, on ne trouve aucune rivière. Toute l'eau vient des puits que l'on creuse ; les sources ne sont point profondes ; mais l'eau n'est ni bonne, ni mauvaise.

Les seuls arbres qu'on puisse cultiver dans les jardins, sont les dattiers et les figuiers. Dans quelques villages, on a des treilles qui donnent de très-bon raisin.

On sème dans de petits carrés qu'il faut arroser avec la main, ou par le moyen de petites rigoles, un peu de bled, de l'orge, du maïs, du dsourrah, des concombres, des melons d'eau et des légumes. Ce qui réussit le mieux, ce sont les haricots et les oignons. Il ne tombe jamais de pluie, ni en été, ni en hiver; mais les rosées y sont abondantes.

Dans les marchés de Fezzân on trouve de la viande de mouton et de chameau, mais à un prix trop haut pour que les pauvres puissent en manger. Elle se vend à raison de quinze ou seize sous la livre. Cette viande se vend par morceaux et non au poids. Les poules y sont moins chères, et elles sont très-fécondes.

Les arabes des montagnes du Gharyân y transportent des moutons, de l'huile d'olive et du beurre; et les nègres y portent de l'intérieur de l'Afrique, du riz et des moutons sans laine, très-ressemblans aux chèvres tant par le poil que par la conformation de leur tête. On les nomme moutons du Fezzân très-improprement, puisqu'ils n'en sont point originaires. L'herbe y étant très-rare, on est obligé de les nourrir avec du son, de l'orge et des dattes.

Les esclaves nègres qu'on trouve à Fezzân y sont apportés par des marchands de Bornoù, qui les tirent eux-mêmes en grande partie de Kachna, ville nègre à l'est de Bornou, et à vingt journées de marche.

Ces marchands portent aussi à Fezzân de la poudre d'or et des dents d'éléphant. Les arabes d'Aùdjélah, contrée située à l'ouest des *Oùâhhât* (les oasis), viennent à Fezzân, et ils sont en concurrence avec les marchands tripolitains pour tous ces articles. Ils achètent même la plus grande partie des esclaves, de la poudre d'or et du morfil, qu'ils portent en Egypte.

On ne doit pas confondre les arabes d'Aùdjélah avec les berbers de la Nubie, que les européens nomment barbarins. Ceux-ci vont au Sennaar et au Dârfoùr, et dans l'intérieur de l'Afrique, chercher les esclaves, la gomme, le tsemerhindy (1), la poudre d'or et les perruches, qu'ils portent au Caire en descendant le Nil.

Autrefois les marchands de Tripoli enlevaient beaucoup de poudre d'or à Fezzân. Mais depuis que le pâchâ les eut forcés à la vendre, ou à crédit, ou au prix qu'il fixait lui-même, ils ont renoncé à cet article qui les ruinait.

Les marchands de Bornoù tirent de

---

(1) Ou tamarin. (L-s.)

Ghoundjéh la poudre d'or, qu'ils portent à Fezzân. Ghoundjéh est une ville située au nord de la Guinée.

Les kâravânes qui vont de Bornoù à Fezzân sont très-fréquentes; elles restent trente-cinq à quarante jours en route; mais la route n'est pas pénible, parce qu'elles trouvent tous les trois ou quatre jours des villes où elles rafraîchissent leurs provisions. Le roi du Fezzân envoie de tems à autre des ambassades au roi de Bornou. En 1785, l'envoyé extraordinaire qu'il lui avait expédié, était un marchand de Tripoli, d'une famille distinguée.

Les gens de Bornoù, en échange de leurs esclaves, de leur poudre d'or et de leur morfil, emportent du papier, des draps, des étoffes légères, des contarines de Venise, des quincailleries que les tripolitains ont apportés au Fezzân.

En 1784, quatre voyageurs allemands, encouragés par le ministère de France, s'étaient proposés d'aller parcourir l'intérieur de l'Afrique, et se rendre au Sénégal par le Fezzân; ils se rendirent à Tunis où la peste exerçait ses ravages, et le manque d'argent plus que toute autre difficulté leur fit abandonner leur projet.

Mais pour quelqu'un qui saurait bien l'arabe, et qui pourrait passer pour musulman, le voyage des bords de la Méditerranée aux bords de l'Océan, n'a rien d'impossible. Il ne faudrait que du courage, un fort tempérament, beaucoup de patience, et des marchandises qu'on pût échanger dans ses stations.

Les bêtes sauvages qu'on trouve à Fezzân, sont le bœuf sauvage, la gazelle, le muhr, autre espèce de gazelle plus grande et sans cornes; la hyenne, le tigre, le chaghal, le chat sauvage, le lièvre; et parmi les oiseaux, l'autruche, le hhoubâra, la perdrix et des cailles en quantité.

CORRECTIONS

d'après le texte allemand.

M. Hornemann a écrit la relation de son voyage en allemand; la Société africaine l'a fait traduire en anglais pour la publier. Je n'ai point dissimulé, dans plusieurs de mes notes, combien je soupçonnais la fidélité de cette traduction. Mes soupçons se trouvent bien justifiés, ainsi que la plupart de mes corrections, par la publication du texte original qui vient de paraître à Weimar, sous ce titre : *F. Hornemann tagebuch seiner reise von Cairo nach Murzuch, der haupstadt der Kœnigreichs Fessan in Africa; aus der teutschen handschrift desselben herausgegeben von Carl Kœnig*, etc. (Journal du Voyage de Fr. Hornemann, depuis le Caire jusqu'à Mourzouk, capitale du royaume du Fezzân en Afrique, publié, d'après son manuscrit, en allemand, par Charles Kœnig, etc.) Weimar, 1801, in-8.°, 1 vol., avec deux cartes géographiques.

Ayant soigneusement collationné les deux traductions sur le texte original, voici les remarques et les corrections qui m'ont paru les plus importantes :

Pages de la traduction française.

P. 2, note (1) Ajoutez : « Ma restitution se trouve confirmée par l'original allemand, p. 47 (p. 70 de la traduction française), où on lit *Kerdassi*. C'est donc par une erreur typographique qu'on lit *Kardaffi* au commencement de ce même texte original. »

P. 7 l. 6 *Mogarrah*, lisez : *Moqarrah*.

12 2 *Midjotta*, ajoutez : « Le premier manuscrit de l'auteur portait Umyotta. »

Id. der. *Semty*, plus correctement *zoummitah*. *Voyez* le vocabulaire berber, p. 437.

13 12 *Roùm* : l'édition allemande porte *ruin*. C'est le mot berber *rouinah* qui désigne le même mêts. *Voyez* le vocabulaire berber, pag. 437. Nous observerons encore que pour le *zoummitah* et le *rouinah*, on emploie de la farine de bled ou d'orge grillée, dont on sépare ensuite le son. Quand le pain est pétri, on le fait cuire une seconde fois.

14 l. 2 *Djéhâdyéh* : l'édition allemande porte *Jahudie*, prononcez *Iahoùdyéh*, mot qui semblerait indiquer un pays habité par des juifs, et consé-

quemment maudit. Malgré cette nouvelle leçon, l'explication donnée par M. Hornemann lui-même, m'autorise, je crois, à insister sur l'étymologie que j'ai indiquée dans ma note.

P. 20 l. 9 *Bahhar*, lisez : *Bahhr*.

23 . 25 *Hhennâ hoechel* : le texte almand porte *henna, kochel*. Le second mot, défiguré dans la traduction anglaise, est ici très-reconnaissable : c'est le *kohhl*, espèce de collyre, ou poudre noire dont les femmes de l'Orient font usage dans leur toilette pour se noircir les sourcils et les cils. L'arbre qui produit les baies dont on fait le kohhl et les baies elles-mêmes, se nomment *kohhl êl-choùdân*.

28 . 3 *Monâkhyéh, Sbocka :* on lit dans l'allemand *Menschié* (prononcez *Menchyéh*); *Sbocha* (prononcez *Sbokhah*.)

P. 31 l. 9 « On connaît plus facilement le nombre des guerriers, et d'après cette donnée, on peut évaluer le total de la population. » — Voici la traduction du texte allemand : « Il est plus aisé d'évaluer le nombre des hommes en état de porter les armes ; et je crois qu'il peut s'en trouver quinze cents à Syoùah. » Cette importante variante prouve la justesse de mon observation, note (1), p. 301.

32 . 22 Au lieu de : « Le texte porte *kafta*, » lisez : « La traduction anglaise porte *kafta*, et le texte allemand *koffa*; ce qui prouve la justesse de la restitution *qauffah* que je propose. »

36 16 *L'un des toùâryks*, suivant le texte allemand — *un toùâryk de Toùât*.

37 der. *Fenouil*, lisez : *viande, fleisch* dans l'allemand. En effet, le mot syoùahyen, *acksoum*, est

bien évidemment le même que *aksoum*, qui signifie de la viande en langue berbère. *V*. le Vocabulaire, p. 449.

P. 38 l. 19 *Itfuct*, dans l'allemand, *itfuet*.

20 *Logman*, dans l'allemand, *logmam*.

21 et 22 L'allemand ajoute *taun* entre *achfé* et *temanim*.

22 *Achmar*, dans l'allemand, *ackmar*.

23 *Itjeda*, dans l'allemand, *itgeda*.

24 *Goreck achmar*, dans l'allemand, *goreck ackmar*.

49 12 *Deux ou trois...*, le texte allemand porte : *Ein paar tagereisen von Biljoradek*, « une couple de journées de Biljoradek, » que je crois devoir écrire Béléd êl-Djérâdeq.

50 13 *Gamis*, dans le texte allemand, *hamis*.

50 note. J'ajouterai à la fin de ma note, qu'en langue ber-

bère les chrétiens se nomment *ouroumy*. Voyez le vocabulaire berber, p. 433. et ma note au bas de la même page.

P. 53 l. 13. Ici et par-tout où se trouve le mot *chiakhah*, le texte almand porte régulièrement *Schiatha* (prononcez *Chiathah*), tant dans le texte que sur la carte.

66 10
67 15, etc. } *Torfauc*: ici et par-tout, l'édition allemande porte *torfaue* (prononcez *torfaouéh*).

68 2 *Villes*, lisez : *endroits*. Le texte allemand porte *drey oerter*, trois endroits.

74 10 *Merote*, le texte allemand porte *Mesrote* : je crois que c'est Mesratha, écrit sur la carte Mesurata.

77 20 *Neddeek*; on lit *Neddeck* dans l'édition allemande : ce mot n'offre aucun sens en arabe.

84 der. *A la source*, ajoutez : *nommée Ennaté*.

88 25 *Stres*, ajoutez : *ce mot est le*

P. 104 l. der.		*même dans l'original allemand.*
129	25	*Luguibi* et *lugibi*; — dans l'édition originale on lit: *luigibi* (prononcez *louiguibi*.)
111	2	*Sockna*, etc. Ces mots sont ainsi écrits dans l'édition originale: Sockna, Sibha, Hun et Wadon au nord; Gatron au sud, Yerma à l'ouest, et Zuila à l'est (prononcez Soqnâ, Sibhah, Hoùn, Oùâden, Qatron, Yermah, Zoùylah.)
114	7	Après *Gadamès* ajoutez: *Bornoù*, et écrivez: *Qadamès* par-tout.
119	4	*Rechadé*, lisez: *Rechâdéh*.
116	3	Au lieu de *six mille dollars et quatre mille*, lisez: *quatre cents rixdalles et six cents*; suivant les chiffres de l'édition allemande, 600 et 400.
132	13	*Dissolution de Soda*, l'édition originale porte seulement: *Natron auflosen*, dissolution de Natron.

P. 141 l. 1.ʳᵉ *Zurembula zigollan*, l'édition allemande porte : *zurinbulu zipollim*. Le premier mot est le *sumboloun* des arabes, lequel désigne une plante à oignons ; c'est peut-être de ce mot que nous avons fait ciboule.

145 3 *Leur chevelure est très-longue*, lisez : *leur chevelure n'est pas très-longue*.

Id. 21 *Fousso ;* on lit dans l'édition allemande : *Tusso* (prononcez *Tousso.*)

P. 148, l. 16 *Habitans du Bornoù*, lisez : *habitans du Borgoù.*

149 3 *Deux cents*, lisez : *trois cents.*

 7 *Fegherié*, lisez : *Teguerhi.*

 8 *Sud-sud-ouest de Gatron*, lisez : *sud-sud-est de Qatron.*

 11 *Huit journées*, lisez : *dix-huit journées.*

150 14 *Bergami*, lisez : *Begarmi.*

151 16 ⎫ Au lieu d'*Asna*, qu'on lit dans l'édition anglaise, et *Asnu*
156 6   ⎭ dans l'original allemand, lisez : *Afnoù.*

Id.	3	*Ghadem,* lisez : *Ghadum* et prononcez : *Ghadoum.*
p. 157 l.	3	*Le Zamptara,* lisez : *le Zampara,* peut-être le même que le Zanfara de la petite carte insérée sur celle de l'itinéraire d'Hornemann.
	24	*Leur agriculture,* lisez : *la préparation de leur cuir.*
158	15	*Les états du sulthân de Bornoù* (c'est-à-dire les états qui ont pour capitale la ville de ce nom), lisez suivant l'original allemand : *les états du sulthân de Bornoù, dont la capitale se nomme Burni* (c'est-à-dire ville.)
161	9	*Le Kanena,* lisez : *le Kanéma.*
162	11	*Vers l'est par nord, est situé le Loussi,* l'édition allemande porte : *vers le sud-est de Begarmié est situé Liessi.*
	17	*La trahison des sulthâns de Begarmé et d'Oùdden,* lisez, d'après l'allemand : *les ra-*

vages des sulthâns de Begarmié et d'Oùâden.

P. 163 l. 8 } *Metko*, lisez, comme dans
 169   9 }   l'allemand : *Metho*.
 164   9 } *Julbi*, le texte allemand porte:
 166   1.ʳᵉ } *gulbi* (prononcez *goulbi*.)
 169   14 *Loussi*, lisez : *Liessi*, comme ci-dessus, p. 162.

En donnant ici les plus importantes corrections et additions que m'ait procurées l'original allemand de notre voyageur, la reconnaissance me prescrit d'ajouter que cet original m'a été communiqué par l'ambassadeur de la république auprès de sa majesté britannique, le général Andréossi, officier non moins recommandable par ses talens militaires, que par ses profondes connaissances en géographie et par l'aménité de son caractère.

J'ajouterai encore ici une note sur les Oasis, tirée des papiers du respectable Venture, et dont je dois la communication à la complaisance et à l'amitié de son épouse.

« La capitale des Oasis extérieures (*êl-Oùâhhât êl-khâridjât*) est *êl-Oùâhh*, (que nous nommons *Syoùah*).

« L'Oasis du milieu (*êl-Oùâhh êl-oùâcéthy*), renferme deux bourgs, l'un nommé êl-Qassr, l'autre êl-Hindaoù.

« L'Oasis intérieure (*êl-Oùâhh êl-dâkhéléh*), qui est la plus voisine du Ssa'id, et qu'on nomme aussi la grande Oasis, a deux endroits remarquables, Erys et Metmoùn. »

Quoique le cit. Venture n'ait pas cité ses autorités, je puis garantir qu'il ne hasardait rien indiscrètement; il avait toujours à son appui ou des manuscrits ou des récits de témoins oculaires et dignes de foi.

Pour moi, en terminant mon travail, je ne crains point d'affirmer que je crois avoir complètement recueilli *tous les renseignemens* qui existent jusqu'à présent sur les Oasis.

FIN DE LA SECONDE PARTIE.

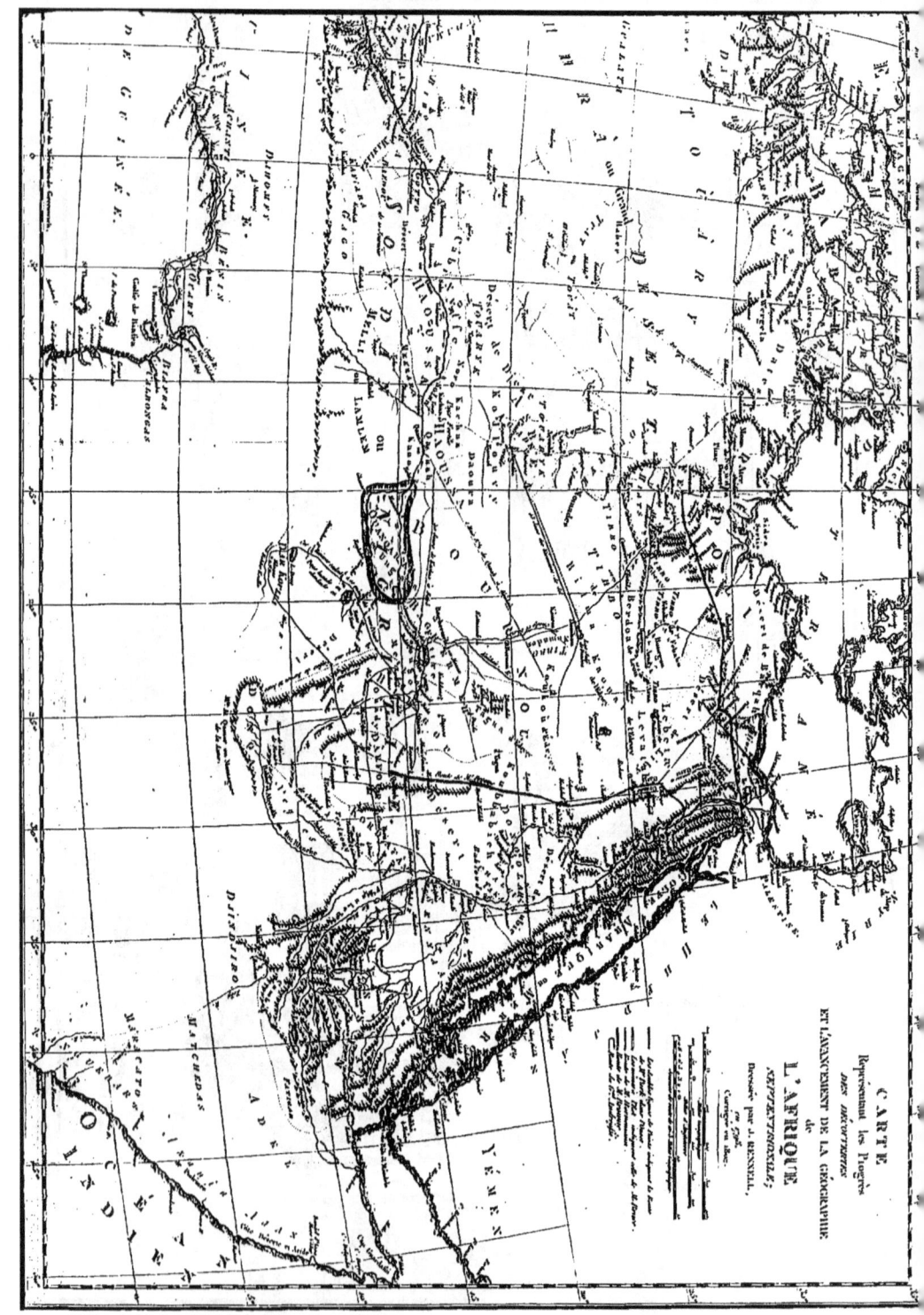

TABLE DES MATIÈRES

Contenues dans ce volume.

CHAPITRE III. *Rectifications de la géographie de l'Afrique septentrionale*,   Page 236. — *Sources éloignées du Nil, et fin du Niger*, 238. — *Lac de Fittré ou de Kaüghah*, 251.

CHAP. IV. *Des tribus qui occupent les parties habitables du grand désert*, 265 et 276. — *Les tibbos et les toüdryks*, 277. — *Empires de Bornoü, d'Asben et de Haoussa*, 284. — *Observations générales*, 288.

APPENDICE,
N.° I.

REMARQUES *sur la Description du pays et des antiquités de Syoüah, données par M. Hornemann, dans lesquelles on compare cette Description avec ce que les anciens ont écrit touchant l'Oasis et le temple d'Hammon; par sir W. Young, baronet, secrétaire de la Société africaine*, 295.

APPENDICE,

Nº II.

MÉMOIRE sur les Oasis, composé principalement d'après les auteurs arabes, par L. LANGLÈS.

CHAPITRE PREMIER. *Des Oasis en général.* — *Etymologie de ce mot*, 341. — *Nombre et position des Oasis*, 346. — *Division des Oasis, suivant les auteurs arabes*, 355.

CHAP. II. *Des Oasis intérieures, renfermant la grande Oasis.* — *De la grande Oasis*, 358. — *De la petite Oasis*, 380.

CHAP. III. *Des Oasis extérieures.* — *Leur identité avec l'ancienne Santaryah des arabes (aujourd'hui Syouah), et l'Oasis d'Hammon*, 383. — *Position et description de Santaryah*, 385. — *Précis historique sur Santaryah*, 393. — *Etat actuel de Syouah*, 399. — *De la langue que l'on parle à Syouah*, 405. — *Observations sur la langue de Syouah, par M. W. Marsden*, 405. — *Notice sur la langue Berbère*, 413. — *Vocabulaire berber*, 430. — *Corrections et addtitions*, 451.

Fin de la Table de la deuxième partie.

www.ingramcontent.com/pod-product-compliance
Lightning Source LLC
Chambersburg PA
CBHW070531170426
43200CB00011B/2390